Paul Jennings
Absolut unfassbar!

Für Bruce Jeans,
der mich zu meinem ersten Buch ermutigte.

Und für meine Schwester Ruth.

Paul Jennings

Absolut unfassbar!

Aus dem Englischen von
Ulli und Herbert Günther

Ravensburger Buchverlag

Die Deutsche Bibliothek — CIP-Einheitsaufnahme
Ein Titeldatensatz für diese Publikation ist bei
Der Deutschen Bibliothek erhältlich

Sonderausgabe

© 1996 Ravensburger Buchverlag Otto Maier GmbH
für die deutsche Ausgabe
Die australische Originalausgabe erschien
in zwei Bänden unter den Titeln
„Unbearable!" und „Unmentionable!"
bei Penguin Books Australia Ltd., Ringwood, Victoria

© 1990 und 1991 by Paul Jennings
Umschlagzeichnung: Rolf Bunse
Redaktion: Uwe-Michael Gutzschhahn
Printed in Germany

ISBN 3-473-34579-2

Rosa Fliege

1

Da sitze ich nun vor dem Büro des Schuldirektors. Und dabei bin ich erst seit zwei Tagen hier an der Schule! Zweimal Ärger in zwei Tagen! Gestern habe ich ohne jeden Grund eine Tracht Prügel bezogen. Echt, ohne jeden Grund.

Sehe ich doch gestern diesen Kerl mit rosa Fliege die Straße entlangkommen. Die Fliege sieht aus wie ein großer rosa Schmetterling im Sturzflug auf seinen Hals. Es ist die verrückteste Fliege, die ich je gesehen habe. „Was glotzt du so, Junge?", sagt der Kerl. Er hat schlechte Laune.

„Ihre Fliege", sage ich. „Die sieht zum Schießen aus. Wie ein rosa Vampir." Sie ist wirklich so komisch, dass ich mich schieflache.

Kein Mensch hat mir gesagt, dass der Typ Old Splodge ist, der Direktor unserer Schule. Er findet das alles überhaupt nicht witzig und langt mir eine. Manchmal ist das Leben ziemlich ungerecht.

Jetzt stecke ich schon wieder in Schwierigkeiten: Ich sitze vor dem Büro von Old Splodge und warte, dass er mich reinruft.

Wenigstens gibt es hier was Hübsches zu sehen. Die

Sekretärin von Old Splodge sitzt im Vorzimmer und tippt Briefe. Sie heißt Miss Newham und sie ist ein absoluter Hammer. Jeder Junge in der Schule ist in sie verknallt. Ich wünschte, sie wäre meine Freundin, aber sie ist siebzehn und ich erst vierzehn, da ist nicht viel Hoffnung. Aber immerhin – sie hat keinen Freund, also muss man noch nicht ganz aufgeben.

Sie sieht mich an und lächelt. Ich spüre, wie ich rot werde. „Warum hast du dein Haar blond gefärbt?", fragt sie zuckersüß. „Hast du nicht gewusst, dass es gegen die Schulregeln ist, wenn sich Jungen die Haare färben?"

Gerade will ich mir eine beeindruckende Antwort ausdenken, aber bevor ich ein Wort sagen kann, steckt Old Splodge den Kopf aus seiner Tür. „Komm rein, Junge", sagt er.

Ich betrete den Raum und setze mich. „Also, dann", sagt Old Splodge. „Warum hast du dein Haar gefärbt? Du willst Eindruck schinden, was?" Er ist ein mürrischer alter Nörgler. Nächstes Jahr soll er pensioniert werden, aber er will nicht gehen.

Wie ich sehe, trägt er immer noch die rosa Fliege. Die trägt er wohl immer. Kann anscheinend nicht ohne sie leben. Ich bemühe mich nicht hinzusehen, während ich antworte. „Ich habe mein Haar nicht gefärbt, Sir", sage ich.

„Gestern", sagt Splodge, „als du die Ehre hattest, meine beste Handschrift kennen zu lernen, habe ich deutlich gesehen, dass du schwarzes Haar hast. Bin ich da etwa im Irrtum?"

„Nein, Sir", erwidere ich.

„Dann erzähl mir mal, Kerl", sagt er, „wie es kommt, dass dein Haar heute weiß ist?" Auf seinem kahlen Kopf sehe ich kleine rote Adern schwellen. Ein schlechtes Zeichen.

„Das ist eine lange Geschichte", sage ich.

„Erzähl mir die lange Geschichte", sagt er. „Und wehe, sie ist nicht gut!"

Ich sehe ihm in die Augen und dann erzähle ich:

2

„Ich bin ein ziemlich ängstlicher Mensch. Ich bin sehr sensibel. Ich erschrecke mich leicht. Ich fürchte mich im Dunkeln. Ich fürchte mich vor Gespenstergeschichten. Sogar vor dem Krümelmonster in der Sesamstraße fürchte ich mich.

Gestern nach der Ohrfeige fahre ich also mit dem Zug nach Hause und sitze im Abteil mit ziemlich seltsamen Leuten. Da ist einmal eine alte Dame mit einem Gehstock, grauem Haar und einer goldgeränderten Brille. Sie hält sich weit vornübergebeugt und kann kaum laufen. Dann ist da ein hagerer, boshaft aussehender Kerl, der neben mir sitzt. Er macht den Eindruck, als würde er einem für ein paar Pfennige die Kehle durchschneiden. Neben ihm sitzt ein Junge – ungefähr mein Alter –, der raucht. Man darf nicht rauchen, wenn man erst vierzehn ist. Deshalb rauche ich noch nicht.

Wir sind ungefähr fünf Minuten gefahren, da streckt ein Schaffner den Kopf durch die Tür. Sofort sieht er den Jungen, der raucht. ‚Mach die Zigarette aus!‘, sagt er. ‚Du bist zu jung zum Rauchen.‘

Der Junge hört nicht damit auf. Stattdessen nimmt er dieses Ding zur Hand, das aussieht wie ein Transistorradio, und fummelt an einem Knopf herum. Da fängt er plötzlich vor unseren Augen zu wachsen an! Er verändert sich ganz langsam, bis er ungefähr wie fünfundzwanzig aussieht. ‚Wie gefällt Ihnen das?‘, sagt er zum Schaffner. ‚Bin ich jetzt alt genug?‘

Der Schaffner stößt einen Entsetzensschrei aus und rennt, so schnell er kann, über den Gang davon. Wir andern sitzen nur da und starren mit offenen Mündern den Jungen an, der jetzt ein Mann ist.

‚Wie hast du das gemacht?‘, fragt die alte Frau zitternd. Sie scheint sehr interessiert.

‚Ganz einfach‘, sagt der Mann-Junge, während er aufsteht. Der Zug hält gerade an einem Bahnhof. ‚Hier!‘, sagt er und lässt ihr das Transistor-Ding auf den Schoß fallen. ‚Sie können es haben, wenn Sie wollen.‘ Er verlässt das Abteil, geht über den Gang und steigt aus.

Wir starren alle auf den Kasten. Er hat einen Knopf, den man in einem Schlitz hin- und herschieben kann. Am rechten Ende steht ÄLTER und am linken JÜNGER. Obendrauf ist ein Schild: ALTER-SCHALTER.

Der fies aussehende Bursche neben mir macht einen plötzlichen Satz nach vorn und versucht nach dem Alter-Schalter zu greifen, aber die alte Frau ist schneller als er. ‚Nein, nicht!‘, sagt sie und stößt ihn zurück. Blitzschnell schiebt sie den Knopf ein paar Zentimeter zu der Seite, auf der JÜNGER steht.

Auf der Stelle beginnt sie jünger zu werden. In ungefähr einer Minute sieht sie aus wie sechzehn. Sie *ist* sechzehn. Auf eine gewisse Art sieht sie hübsch aus mit der Alte-Damen-Brille und den altmodischen Klamotten. Bisschen wie ein Hippie-Mädchen. ‚Geschafft!‘, ruft sie und lässt ihr Kopftuch fallen. Dann wirft sie mir den Alter-Schalter zu, läuft über den Gang und springt aus dem Zug, gerade als er aus dem Bahnhof rollt.

Während der Zug an ihr vorbeifährt, höre ich, wie sie sagt: ‚John McEnroe, nimm dich in Acht!‘

‚Gib das her‘, sagt der fies aussehende Kerl. Wie ich schon gesagt habe, ich bin kein Held. Ich fürchte mich vor meinem eigenen Schatten. Alles, was mit Gewalt oder mit Gruseligem zu tun hat, kann ich nicht ausstehen. Deshalb gebe ich dem Fiesling den Alter-Schalter.

Er reißt mir das Gerät aus der Hand und schiebt den Knopf fast bis zu dem Ende, an dem JÜNGER steht. Sofort wird er jünger, aber er hält nicht bei sechzehn an. In null Komma nichts sitzt neben mir ein Baby in einem Berg von Erwachsenenkleidern. Es ist ungefähr ein Jahr alt. Mit einem boshaften Grinsen sieht es zu mir hoch. Ein fies aussehendes Baby, keine Frage. ‚Böser Dad Dad!‘, sagt es.

„Ich bin nicht dein Dad Dad“, sage ich. ‚Gib mir das Ding, bevor du dir wehtust!‘ Das Baby schüttelt den Kopf und versteckt den Alter-Schalter hinter dem Rücken. Ich merke schon, dass es ihn nicht herausrücken wird. Es hält das Ding für ein Spielzeug.

Dann, bevor ich etwas machen kann, schiebt das Baby den Knopf auf die andere Seite. Da bietet sich mir ein schrecklicher Anblick: Das Baby wird älter und älter. Erst ist es ungefähr sechzehn, dann dreißig, dann sechzig, dann achtzig, dann hundert – und dann ist es tot. Aber die Veränderung hört nicht auf. Sein Körper beginnt zu verwesen, bis schließlich nur noch ein Skelett übrig ist.

Ich schreie gellend, renne zur Tür, komme aber nicht raus, weil sie klemmt. Ich trete dagegen, ich rufe, aber ich kann nicht raus. Ich reiße das Fenster auf, aber der Zug fährt zu schnell, als dass ich durch das Fenster entkommen könnte.

Und so wird mein Haar weiß. Ich muss fünfzehn Minuten lang mit einem toten Skelett in diesem Abteil sitzen! Entsetzlich. Ich bebe vor Furcht. Es ist das Schrecklichste, das ich je erlebt habe. Mein Haar wird bleich in nur fünfzehn Minuten! Vor Schreck werde ich blond. Als der Zug hält, steige ich aus dem Fenster und gehe den restlichen Heimweg zu Fuß."

„Und das ist die Wahrheit", sage ich zu Splodge.

3

Splodge spielt an seiner rosa Fliege herum. Sein Gesicht nimmt allmählich die Farbe der Fliege an. Ich merke, dass er gleich ausflippen wird. „Was für ein blühender Unsinn!", schreit er los. „Willst du mich zum Narren halten? Glaubst du wirklich, dass ich dir dieses Schauermärchen glaube?"

„Ich kann's beweisen", sage ich. Ich hole den Alter-Schalter aus meiner Tasche und stelle ihn auf den Schreibtisch.

Splodge nimmt ihn in die Hand und betrachtet ihn gründlich. „Du kannst dann gehen, Junge", sagt er mit merkwürdiger Stimme. „Deinen Eltern werde ich einen Brief schicken und ihnen mitteilen, dass du von der Schule suspendiert bist, weil du Lügen erzählst."

Traurig gehe ich in meine Klasse zurück. Meine Eltern bringen mich um, wenn ich von der Schule suspendiert werde.

In den nächsten zwei Wochen bin ich ständig in Sorge, dass dieser Brief im Briefkasten liegen könnte. Aber nichts geschieht. Ich bin gerettet!

Also, es stimmt nicht ganz, dass *nichts* geschieht. Es passiert zweierlei, etwas Gutes und etwas Schlechtes. Das Gute ist, dass Splodge plötzlich verschwindet und nicht mehr gesehen wird.

Das Schlechte ist, dass Miss Newham einen Freund hat. Er ist ungefähr achtzehn und sieht gut aus.

Aber komisch. Warum geht sie ausgerechnet mit einem Jungen, der rosa Fliegen trägt?

Einmal-Zahnpasta

1

„Ich fürchte", sagte Mr Bin, „der Zahn muss plombiert werden. Da ist ein böses Loch."

Antonios Knie fingen zu schlottern an, als er auf Mr Bins Arm sah. Er wusste, dass der Zahnarzt eine Nadel hinter seinem Rücken versteckt hielt. „Keine Spritze!", sprudelte Antonio heraus. „Bloß das nicht!" Aber es war zu spät. Bevor er noch ein Wort sagen konnte, war die Betäubungsspritze schon im Einsatz.

Antonio spürte, wie ihm die Tränen in die Augen schossen. Hilflos starrte er durch das Fenster auf den riesengroßen weißen Zahn, der draußen im Wind hin und her schwang. Darauf stand:

M. T. Bin
Zahnarzt

Es schien Jahre zu dauern, bis die Nadel eingedrungen war. Mr Bin hielt mit der einen Hand Antonios Mund auf und mit der anderen drückte er langsam auf das Ende der Spritze. „Halt still, Junge", sagte er. „Du zitterst ja wie Espenlaub." Endlich war es vorbei. Die gefürchtete Nadel kam heraus. „Spülen", befahl Mr Bin.

12

Antonio nahm einen Mund voll Wasser aus dem Glas und wollte es ausspucken, aber sein Mund war so taub, dass er fast alles auf sein T-Shirt sabberte.

Antonio kämpfte mit den Tränen, als Mr Bin mit dem Bohrer kam. Er durfte nicht weinen. Unmöglich für einen dreizehnjährigen Jungen beim Zahnarzt zu weinen! Wieder starrte er zum Fenster hinaus auf das Riesenzahn-Schild und machte den Mund auf.

„Was willst du mal werden, wenn du mit der Schule fertig bist?", fragte Mr Bin.

„Müllmann", antwortete Antonio. „Ich wollte schon immer Müllmann werden."

Mit erstauntem Gesichtsausdruck setzte Mr Bin den Bohrer ab. „Müllmann? Hast du Müllmann gesagt? Das ist ja witzig! Ich wollte auch immer Müllmann werden, als ich ein Junge war."

„Und wie kommt es dann, dass Sie Zahnarzt geworden sind?", fragte Antonio.

Der Zahnarzt warf einen Blick durch den Raum, dann ging er zur Tür und schloss sie. „Wenn du mir versprichst, dass du es keinem verrätst", sagte er mit gedämpfter Stimme, „erzähle ich dir die Geschichte, weil du auch Müllmann werden willst. Aber du musst mir dein feierliches Ehrenwort geben, dass du es keinem Menschen weitersagst. Keinem einzigen! Versprichst du's mir?"

Antonio nickte. Er konnte kein Wort sagen, weil Mr Bin in seinem Mund zu bohren angefangen hatte. Antonio schloss die Augen und lauschte.

„Als ich ein Junge war", erzählte Mr Bin, „hab ich immer gern in Mülltonnen gestöbert. Ich konnte einfach an keiner vorbeigehen, ohne sie aufzumachen. Ich finde, im Abfall kann man wirklich wunderbare Sachen entdecken.

Einmal hab ich in der Tonne unseres Nachbarn einen Schweinskopf gefunden. Ich nahm ihn mit nach Hause und legte ihn auf einen Ameisenbau. Die Ameisen fraßen das ganze Fleisch ab und ich hatte jetzt den blanken Schädel. Dann bohrte ich oben ein Loch rein und schenkte ihn meiner Mutter als Zuckerdose. Die gefiel ihr so gut, dass sie sie nie benutzte. Sie verwahrte sie an einem ganz besonderen Platz und schließlich vergaß sie, wo sie war.

Alle Mülltonnen in unserer Straße hatten für mich etwas Interessantes an sich, aber am merkwürdigsten war der Abfall von Old Monty. Jeden Mittwoch und Freitag schaute ich in seine Tonne und sie hatte jedes Mal den gleichen Inhalt: leere Zahnpastatuben. Dutzende und aberdutzende. Es waren aber keine gewöhnlichen Zahnpastatuben. Sie trugen alle die gleiche Aufschrift. Auf jeder stand: EINMAL-ZAHNPASTA.

Ich konnte mir nicht vorstellen, warum ein alter Mann, der ganz allein lebt, so viele Tuben Zahnpasta brauchen sollte. Er konnte ja wohl nicht den ganzen Tag damit verbringen, sich die Zähne zu putzen. Oder besser gesagt, *den* Zahn, denn er hatte nur noch einen einzigen alten grünlichen Zahn im Mund. Genau genommen sah dieser Zahn so verfault aus, dass ich überzeugt war, er habe ihn noch nie geputzt, seit er ihm gewachsen war.

Immer musste ich nun an den alten Monty und seine leeren Zahnpastatuben denken. Ich musste einfach rauskriegen, was es damit auf sich hatte. Mit ihm zu reden wäre zwecklos, das war mir klar, denn er konnte Kinder nicht leiden (obwohl, ich glaube, er konnte überhaupt niemanden leiden). Sagte man ‚Guten Morgen' zu ihm, sagte er höchstens: ‚Hau ab!' Schließlich beschloss ich, nachts zu seinem Haus zu schleichen und durch das Fenster zu spähen.

2

Eines Nachts, nachdem meine Eltern zu Bett gegangen waren, schlich ich zu Montys Haus hinüber. Das war eine schäbige, baufällige alte Bude mit einem rostigen Blechdach und Spinnweben überall an den Fenstern. Es war dunkle Nacht und ein kalter Wind blies. Gänsehaut überlief mich – aber nicht der Kälte wegen. Ich war starr vor Angst.

Stolpernd tappte ich um das Haus herum, bis ich ein Fenster fand, zwischen dessen Vorhängen ein schmaler Spalt offen war. Da stellte ich mich auf die Zehenspitzen und spähte hinein. Drinnen war alles schwarz und ich konnte erst überhaupt nichts sehen. Nach ein, zwei Minuten jedoch bemerkte ich etwas Schauriges, etwas höchst Sonderbares, etwas, das ich so noch nie gesehen hatte. Zähne! Ich sah Zähne!

Bleich schimmerten in der Dunkelheit ungefähr zwanzig Gebisse! Sie waren so weiß, dass sie in der Schwärze wie winzige, schwach leuchtende Lämpchen glühten. Sie hingen in unterschiedlichen Höhen im Raum wie wilde Drachen an einem Mobile.

Die leuchtenden Zähne klappten auf und zu und bewegten sich hin und her, als steckten sie in unsichtbaren Köpfen. Tatsächlich. Die Zähne gehörten zu Köpfen. Und zu Körpern. Ich konnte sie nur nicht sehen, weil es dunkel war. Die Zähne aber waren so hell, dass sie selber Licht ausstrahlten.

Es waren große, spitze Zähne dabei und kleine, scharfe. Jede Art von Kauwerkzeugen war vertreten, die man sich denken kann – nur eine nicht. Von all diesen Gebissen gehörte keines einem Menschen. Es waren keine menschlichen Zähne. Da war ich ganz sicher.

In diesem Augenblick zündete jemand eine Kerze an und mir bot sich ein unglaublicher Anblick. Ich sah einen Raum voller Tiere! Da waren Kaninchen, Hunde, große und kleine Kängurus und Katzen. Jedes Tier saß in einem Käfig und jedes hatte so strahlend weiße Zähne, wie ich sie noch nie gesehen hatte. Aber die armen Dinger, sie machten alle einen so traurigen Eindruck. Ich konnte mir vorstellen, dass sie es nicht gut fanden, in diesen engen Käfigen gehalten zu werden. Und noch mehr ängstigten sie sich wahrscheinlich vor dem, was jetzt kam.

Mit einer Kerze in der Hand, ein boshaftes Grinsen im Gesicht, schritt Monty durch das Zimmer. ‚Zeit zum Zähneputzen, Jungs‘, krächzte er. Ich konnte fast spüren, wie die armen Tiere zusammenzuckten. Monty stellte die Kerze auf einen Tisch, trat vor einen Schrank und öffnete ihn. Im Innern waren tausende von Zahnpastatuben. Er nahm eine der Tuben heraus. ‚Nummer 52a‘, sagte er. ‚Mal sehen, ob das die Mischung ist, mit der ich mein Glück machen werde.‘

Dann ging Monty zu dem Käfig eines kleinen Kaninchens und drückte auf einen Knopf. In dem Käfig leuchtete ein rotes Licht auf und das Kaninchen steckte den Kopf durch eine Öffnung im Draht. Es kräuselte die Nase und bleckte seine Zähne. Monty drückte etwas Zahnpasta auf eine Bürste und schrubbte über die Zähne. Die Zahnpasta schmeckte bestimmt fürchterlich! Als Monty fertig war, warf er dem Kaninchen eine dreckige, alte Möhre hin, aber das arme Kerlchen konnte sie nicht fressen. Es hatte genug damit zu tun, den ekligen Geschmack aus dem Maul zu kriegen.

Das war schrecklich. Das war ungeheuerlich. Wie grausam! Dieser gemeine alte Mann putzte Tieren die Zähne mit widerlich schmeckender Zahnpasta! Er probierte sie an ihnen aus, um festzustellen, ob sie was taugte. Ich dachte nicht an meine Sicherheit. Ich dachte an nichts als an diese verängstigten Kreaturen. Ich rannte um das Haus herum und hämmerte so fest ich konnte gegen die Haustür. ‚Lassen Sie mich rein!‘, schrie ich. ‚Lassen Sie mich rein, und lassen Sie diese Tiere frei!‘

3

Die Tür schwang auf und da stand Monty und grinste mich mit seinem verfaulten grünen Zahn an. Er schien sich über meinen Besuch zu freuen. ‚Genau, was ich brauche‘, sagte er. ‚Ein freches Balg von einem Jungen. Komm rein, Junge, und willkommen.‘

Ich stürmte in das Haus und in das Zimmer mit den

Tieren. ‚Was treiben Sie da?‘, schrie ich. ‚Warum putzen Sie diesen Tieren die Zähne?‘

‚Ich bin dabei, eine Einmal-Zahnpasta zu erfinden‘, sagte Monty grinsend. ‚Und ich stehe kurz vor der Vollendung.‘

‚Was ist eine Einmal-Zahnpasta?‘, rief ich.

‚Das ist eine Zahnpasta, die man nur ein einziges Mal benutzen muss. Einmal angewendet, braucht man sich nie mehr im Leben die Zähne zu putzen. Jeder wird sie kaufen, wenn die Erfindung erst mal ausgereift ist. All diese Gören, die sich nicht die Zähne putzen wollen. Ihre Eltern werden die Zahnpasta kaufen und ich werde reich dabei. Jedes Mal, wenn ich eine neue Zusammensetzung herstelle, muss ich sie ausprobieren. Deshalb habe ich die Tiere.‘

‚Lassen Sie die Tiere frei!‘, sagte ich. ‚Es ist grausam. Probieren Sie Ihre eklige alte Zahnpasta an sich selber aus!‘

‚Das geht nicht‘, sagte Monty. ‚Sie schmeckt fürchterlich. Aber jetzt brauche ich ja die Tiere nicht mehr. Jetzt habe ich dich.‘ Mit einem hinterhältigen Grinsen sah er mich an und deutete auf einen leeren Käfig.

Bevor ich auch nur einen Finger krumm machen konnte, sprang er auf mich zu und griff mit seinen dürren Händen nach mir. Er war hager, aber sehr stark. Wir rollten über den Boden und landeten dabei im Schrank. Da fielen hunderte von Zahnpastatuben heraus und prasselten auf uns herab. Während wir auf dem Boden miteinander rangen, gingen viele Tuben auf und spritzten lange Zahnpastaschlangen in die Luft. Bald waren wir beide mit Zahnpasta bekleckert in jeder Farbe, die man sich nur denken kann. Sie gerieten alle durcheinander und in widerwärtigen, stinkigen Fladen schmierten sich die unterschiedlichen Sorten zusammen.

Monty ergriff die Zahnbürste und tauchte sie in die Mischung. ‚Mal sehen, wie dir das gefällt, Junge!‘, zischte er, während er versuchte, mir die Zahnbürste in den Mund zu schieben.

Auf keinen Fall wollte ich zulassen, dass er die durcheinander gemischte Zahnpasta an meine Zähne brachte. Ich stieß Monty zurück und er fiel mit einem Ächzen gegen die Wand. Er krümmte sich, blieb liegen und schnappte nach Luft. ‚Da!‘, rief ich. ‚Nehmen Sie eine Kleinigkeit von Ihrer Medizin!‘ Und damit bohrte ich die Zahnbürste in Montys Mund und bürstete seinen verfaulten, alten grünlichen Zahn.

4

Das gefiel ihm nicht. Das gefiel ihm kein bisschen. Er rollte auf dem Boden hin und her, schrie und hielt sich die Hände an den Hals. Es musste ekelhaft geschmeckt haben.

Dann geschah etwas, das ich nie vergessen werde. Montys Zahn fing zu wachsen an! Er wuchs und wuchs und ragte schon aus dem Mund heraus. Bald war er so groß wie Montys Kopf. Ein mordsmäßig großer, verfaulter grünlicher Zahn. Und in dem Maß, wie er wuchs, begann Monty zu schrumpfen. Es war, als ob der Zahn ihn ganz und gar aufsaugte. Monty schrumpfte zusammen wie ein Ballon, dem langsam die Luft ausging, während der Zahn größer und größer wurde. Bald war er größer als der ganze Monty. Es war nicht mehr Monty mit einem Zahn. Es war ein Zahn mit Monty.

Und noch weiter zehrte der Zahn von Monty, bis er so groß war wie ein ausgewachsener Mann und Monty nur noch wie eine Erbse. Dann machte es plopp – und er war ganz und gar verschwunden. Der Superzahn lag allein auf dem Boden!

Ich war wie betäubt. Ich wusste nicht, was ich machen sollte. Taumelnd ging ich zu den Käfigen und ließ die Tiere eins nach dem anderen frei. In Panik sprang jedes aus seiner Tür. Als Letztes ein großes Känguru. Das arme Ding war so verschreckt, dass es den Tisch mit der Kerze darauf umstieß.

Sofort fingen die Vorhänge Feuer und das Zimmer stand in Flammen. Die Tiere waren alle in die Nacht hinausgeflohen, da griff ich nach dem Riesenzahn und schleifte ihn hinaus. Das Haus brannte bis auf die Grundmauern nieder, bevor die Feuerwehr kam."

5

„Und das", sagte der Zahnarzt zu Antonio, „ist das Ende der Geschichte. Mit Plombieren bin ich nun fertig. Es hat doch nicht sehr wehgetan, oder?"

„Nein", sagte Antonio. „Ich hab kein bisschen davon gemerkt. Aber was ist aus dem Riesenzahn geworden?"

Mr Bin sah zu dem großen Zahn hinaus, der draußen im Wind schwankte und auf dem stand:

M. T. BIN
ZAHNARZT

Dann sagte er: „Das ist ein Geheimnis, das ich nicht mal dir erzählen darf."

Antonio ging und betrachtete draußen das Riesenzahn-Schild. Es war weiß gestrichen, aber an einer Ecke blätterte die Farbe ab. Darunter erkannte er ein schäbiges Grün. Antonio drehte sich um und ging nach Hause. Aber den ganzen Weg über schüttelte er den Kopf.

Mr Bin ging wieder in sein Behandlungszimmer. Auf dem Zahnarztstuhl saß ein kleines Mädchen und weinte. „Bitte keine Spritze", wimmerte es.

„Was willst du mal werden, wenn du groß bist?", fragte Mr Bin.

„Balletttänzerin", erwiderte das kleine Mädchen.

Mit erstauntem Gesichtsausdruck legte Mr Bin die Spritze beiseite. „Balletttänzerin? Hast du gesagt Balletttänzerin? Das ist ja witzig! Ich wollte immer Balletttänzer werden, als ich ein Junge war!"

„Wie kommt es dann, dass Sie Zahnarzt geworden sind?", fragte das kleine Mädchen.

Mr Bin warf einen Blick durch den Raum, dann ging er zur Tür und schloss sie. „Wenn du mir versprichst, dass du es keinem verrätst, erzähle ich dir eine Geschichte", sagte er mit gedämpfter Stimme und nahm die Spritze zur Hand.

So was gibt's überhaupt nicht

1

Armer Opa. Sie hatten ihn abgeholt und in ein Heim gesteckt. Bestimmt fand er das ganz schrecklich. Er war so gern draußen in seinem Garten, grub Gemüsebeete um oder plauderte mit der alten Mrs Jingle von nebenan. Ich wusste, er würde es nicht ertragen, von aller Welt ausgeschlossen zu sein.

„Ich weiß, es ist traurig", sagte Mum. „Aber was anderes bleibt uns nicht übrig. Ich fürchte, Opas Krankheit spielt sich in seinem Kopf ab. Seine Wahrnehmung ist gestört. Er sieht immer wieder Dinge, die gar nicht da sind. So was gibt es manchmal, wenn Menschen sehr alt werden wie Opa."

Tränen schossen mir in die Augen. „Was für Dinge?", rief ich. „Ich glaube das nicht. Opa ist ganz normal. Ich will zu ihm."

Auch Mum standen Tränen in den Augen. Sie war genauso erschüttert wie ich. Immerhin, Opa war ihr Vater. „Montag darfst du zu ihm, Chris", sagte sie. „Die Krankenschwester meint, du kannst Opa nach der Schule besuchen."

Am Montag fuhr ich zu dem Sanatorium, in dem sie Opa untergebracht hatten. Eine Ewigkeit musste ich in einem kleinen Raum mit harten Stühlen warten, der nach scharfem Toilettenreinigungszeug stank. Die zuständige Schwester trug ein Schild auf der Bluse, auf dem stand: „Schwester Gribble". Sie hatte gemeine Augen. Die sahen aus wie die Schlitze von Spardosen, die alles verschlucken, aber nie etwas hergeben. Ihre Haare hatte sie zu einem festen Knoten hoch gesteckt und ihre Schuhe waren so blitzblank, dass sich ihre spitzen Knie darin spiegelten.

„Komm mit, Junge", sagte die Krankenschwester, nachdem sie mich unendlich lange hatte warten lassen. Sie führte mich einen Gang hinunter und in ein kleines Zimmer. „Bevor du hineingehst", sagte sie, „möchte ich, dass du eins weißt. Immer wenn der alte Mann von Dingen redet, die nicht da sind, musst du sagen: ‚So was gibt's überhaupt nicht.' Du darfst nie so tun, als ob du ihm glaubst."

Keine Ahnung, wovon sie redete, aber eins war mir klar – sie hatte kein Recht, Opa „der alte Mann" zu nennen. Er hatte einen Namen wie jeder andere auch.

Wir gingen in das Zimmer hinein und da – versunken zwischen steifen weißen Laken und Tüchern – lag Opa in einem Bett. Teilnahmslos starrte er auf eine Fliege an der Zimmerdecke. Er sah unglücklich aus.

Bevor sie den Raum verließ, sah Schwester Gribble Opa an und sagte: „Keinen Unsinn reden jetzt, ist das klar? Denk daran: So was gibt's überhaupt nicht." Sie setzte sich auf einen Stuhl auf dem Gang vor der Tür.

Opa blühte auf, als er mich sah. Etwas vom alten Glanz kam wieder in seine Augen. „Endlich, Chris", sagte er. „Ich hab so auf dich gewartet. Du musst mir helfen, aus diesem scheußlichen Haus wegzukommen. Meine Tomaten werden eingehen. Ich muss hier raus." Er sah zur Tür hin und flüsterte: „Sie bewacht mich wie ein Habicht. Du bist meine einzige Chance."

Dann zog er etwas unter der Decke hervor und drückte es mir in die Hand. Es war ein kleiner Fotoapparat mit Blitzlicht. „Mach ein Foto", sagte er, „dann werden sie sehen, dass es stimmt. Sie müssen mich rauslassen, wenn du ein Foto herbringst."

Seine Augen zuckten heftig. Ich hatte keine Ahnung, wovon er sprach. „Was für ein Foto?", fragte ich.

„Der Drache, Chris. Der Drache in der Kanalisation. Ich hab dir nie was davon erzählt, weil ich dir keine Angst einjagen wollte. Doch jetzt bist du meine einzige Hoffnung. Selbst deine Mutter denkt, dass ich verrückt geworden bin. Sie will mir das mit dem Drachen nicht glauben. Niemand glaubt mir."

Vom Gang her tönte eine Stimme wie zersplitterndes Glas: „Drachen – so was gibt's überhaupt nicht!" Das war Schwester Gribble. Sie belauschte unser Gespräch.

Ich wusste nicht, was ich davon halten sollte. Es stimmte wohl doch. Der arme alte Opa hatte den Verstand verloren. Er glaubte tatsächlich, dass es Drachen gäbe. Ich dachte, es ist das Beste, ich geh erst mal darauf ein. „Wo ist der Drache, Opa?", flüsterte ich.

„In Donovans Abwasserkanal", sagte er leise und

sah dabei zur Tür. „Hinter meinem Gartenzaun. Es ist eine große, schreckliche Bestie mit grünen Zähnen und roten Augen. Sie hat Schuppen und Flügel und einen Schwanz, der unbarmherzig alles zerschmettert. Ihr Atem ist faulig und stinkt nach Verwesung."

„Und du hast ihn gesehen?", krächzte ich.

„Gesehen, gesehen ... Ich hab ihn nicht nur gesehen. Ich hab mit ihm gekämpft. Mensch gegen Tier im Schlund von Donovans Abwasserkanal. Er war hinter Doo Dah her. Er frisst nämlich Hunde. Und Katzen. Die mag er besonders. Zermalmt ihre Knochen. Aber nur über meine Leiche, hab ich gesagt. Na, ein, zwei Wunden hab ich ihm wohl beigebracht." Opa sprang aus dem Bett und angelte sich einen Besen aus dem Schrank. Dann fing er an, gegen einen imaginären Drachen zu kämpfen, stach mit dem Besen auf ihn ein und wich zurück.

Mit einem Satz sprang er auf das Bett, kampfbereit wie ein Löwe. „Komm, Drache, komm. Fang ihn doch, meinen Doo Dah! Du willst meinen Hund fressen, he? Nimm das ... und das, du stinkender Dämon!" Er setzte dem Drachen nach, der nicht da war, und schwang den Besen wie einen Speer. Wie ein kleiner, wütender Pirat sah er aus, der die Feinde am Entern seines Schiffes hindern will.

Plötzlich schnitt eine harte, frostige Stimme durch den Raum. „Zurück ins Bett!", befal Schwester Gribble. Ihre fiesen Augen verschossen Blitze. „Hör sofort mit dem Unsinn auf!", schnauzte sie Opa an. „Es gibt keinen Drachen! Der existiert nur in deinem Kopf. Du bist ein närrischer alter Mann!"

25

„Ist er nicht!", rief ich. „Er ist nicht närrisch. Er ist mein Opa, und er gehört nicht hierher. Er will hier raus."

Die Schwester verengte ihre Augen, bis sie dünne Striche waren. „Du bringst ihn noch völlig durcheinander", sagte sie. „Ich möchte, dass du in fünf Minuten hier verschwunden bist." Dann wirbelte sie herum und verließ den Raum.

„Ich muss hier raus", sagte Opa, während er langsam wieder in sein Bett kletterte. „Ich muss die Sonne sehen und die Sterne, ich muss den Wind auf meinem Gesicht spüren. Ich muss die Bäume anfassen und die salzige Luft vom Meer auf der Zunge schmecken. Und meine Tomatenpflanzen – die gehen ein ohne mich. Dieses Haus ist ein Gefängnis. Lieber will ich tot sein, als hier leben." Seine Unterlippe fing zu zittern an. „Mach ein Foto, Chris. Mach ein Foto von dem Drachen. Dann werden sie sehen, dass es wahr ist. Dann werden sie mich rauslassen müssen. Ich bin nicht verrückt – da ist wirklich ein Drache."

Er griff nach meinem Arm und sah mir eindringlich in die Augen. „Bitte, Chris, bitte mach ein Foto."

„Okay, Opa", sagte ich zu ihm. „Ich bring dir ein Foto von einem Drachen, und wenn ich dafür bis ans Ende der Welt gehen muss."

Seine Augen flackerten. „Geh nicht in die Kanalisation. Geh nicht in die Drachenhöhle. Das ist zu gefährlich. Er zermalmt dich. Versteck dich am Eingang, und wenn er rauskommt, mach ein Foto von ihm. Dann lauf. Lauf wie verrückt."

„Wann kommt der Drache denn raus?"

„Um Mitternacht. Immer um Mitternacht. Deshalb brauchst du das Blitzlicht."

„Wann hast du den Drachen zum letzten Mal gesehen, Opa?", fragte ich.

„Vor zwei Jahren", sagte er.

„Vor zwei Jahren!", rief ich entgeistert. „Dann kann er inzwischen doch tot sein."

„Wenn er tot ist", sagte Opa, „dann bin auch ich so gut wie tot." Er ließ einen düsteren Blick durch das sterile Zimmer schweifen.

Ich hörte ein ungeduldiges Seufzen vom Gang. „Die Besuchszeit ist beendet", sagte Schwester Gribble mit eisiger Stimme.

Ich gab Opa einen Kuss auf seine stopplige Wange. „Hab keine Angst", flüsterte ich in sein Ohr. „Wenn ein Drache dort ist, fotografiere ich ihn." Die Schwester spitzte ihre Ohren, aber ich sprach so leise, dass sie nichts verstehen konnte.

Während sie mich hinausführte, redete Schwester Gribble mit zitronensaurer Stimme auf mich ein. „Denk daran, Junge, es gibt keinen Drachen. Wenn du den alten Mann in diesem Glauben lässt, darfst du nie wieder kommen."

Kopfschüttelnd machte ich mich auf den Heimweg. Armer Opa. Er dachte tatsächlich, in Donovans Abwasserkanal wäre ein Drache. An Drachen glaubte ich nicht, aber ein Versprechen war ein Versprechen. Wenigstens mal hingehen musste ich. Um Mitternacht zu Donovans Abwasserkanal. Ich grübelte noch über andere Möglichkeiten nach, Opa aus diesem fürchterlichen Haus zu befreien. Aber mir fiel nichts ein.

27

3

So kam es, dass ich mitten in der Nacht vor dem Abwasserrohr saß. Es war mehr ein Tunnel als ein Rohr. Es verschwand weit hinten in der Schwärze, von wo alle möglichen Gerüche und Geräusche kamen. Ich wartete und fror, aber nichts geschah. Kein Drache. Nach einer Weile ging ich ein Stück in die Öffnung hinein und versuchte, etwas zu erkennen. Ich hörte das Echo von fallenden Wassertropfen und ein seltsames Gluckern. Es war so verdammt dunkel wie in einem Rattenmagen.

Schließlich ging ich fünf Nächte hintereinander hin. In dieser Zeit habe ich Opa nicht gesehen, weil die Schwester mir nur einen Besuch pro Woche erlaubte. Jede Nacht saß und saß ich vor der Öffnung des Abwasserkanals, aber nicht die kleinste Spur von einem Drachen ließ sich erkennen. Ich hatte genug Zeit zum Überlegen, und allmählich fragte ich mich, ob Opas Geschichte nicht vielleicht doch wahr sein könnte. Was, wenn er wirklich einen Drachen gesehen hatte? Es konnte ja sein, dass er jetzt nicht anzutreffen war – dass er Winterschlaf hielt? Vielleicht schliefen Drachen jahrelang? Vielleicht ließ er sich die nächsten zehn Jahre nicht blicken? Schließlich wurde mir klar, dass es nur eine Möglichkeit gab, eine Antwort zu finden.

Ich musste hinein.

In der nächsten Nacht, als Mum eingeschlafen war, schlich ich mich zur Hintertür hinaus. Eine Taschenlampe hatte ich mitgenommen, Opas Fotoapparat, und ich trug einen Anorak und zwei Pullover. Es war kalt.

Langsam und vorsichtig tastete ich mich durch den Kanal, einen Fuß auf jeder Seite der stinkenden Brühe, die in einem schmalen Strom durch die Mitte dahinfloss. Der Kanal war so hoch, dass ich aufrecht gehen konnte. Ich hatte Angst, das kann ich jetzt ja zugeben. Vor mir war es stockfinster. Hinter mir wurde der graue Schimmer vom Eingang her schwächer und schwächer. Alles sträubte sich in mir, aber ich zwang mich, weiter in die Finsternis hineinzugehen. Schließlich konnte ich den Eingang nicht mehr erkennen.

Mitten in der Nacht war ich allein im Inneren der Erde! Ich erinnerte mich an Opas Worte. „Geh nicht in die Drachenhöhle. Das ist zu gefährlich. Er wird dir die Knochen zermalmen."

Ich dachte an Schwester Gribble, die gesagt hatte: „Drachen gibt's nicht." Fast wünschte ich, sie hätte Recht.

Der starke Lichtstrahl der Taschenlampe war mein einziger Trost. Ich leuchtete in jede Ritze und jeden Winkel. Plötzlich war der Gedanke an einen Drachen gar nicht mehr so verrückt. In meiner Vorstellung sah ich das fürchterliche Ungeheuer mit roten Augen und geiferndem Maul, wie es dasaß und darauf lauerte, mich mit seinen mörderischen Klauen zu packen.

Ich weiß nicht, wie ich es schaffte, aber ich ging tatsächlich stundenlang weiter. Ich musste es versuchen. Ich musste rauskriegen, was an Opas Geschichte dran war. Das war ich ihm schuldig.

Der Tunnel weitete sich schließlich zu einer riesigen Höhle. Die war so groß, dass zehn Häuser darin Platz gehabt hätten. Fünf Tunnels mündeten hier. Vier davon waren aus Beton, der fünfte sah mehr aus wie von einem Riesenkaninchen gebuddelt. Die Erdwände waren mit ekligem grünem Schleim überzogen und voll tiefer Kratzspuren.

Vorsichtig tastete ich mich in diesen Tunnel hinein. Ich wollte umkehren und wegrennen. Ich wollte schreien. Fast wünschte ich mir, der Drache würde mich packen und umbringen, nur damit es vorbei war. Alles war besser als diese panische Angst, die meinen bibbernden Körper schüttelte.

Ich stolperte und fiel oft hin, weil der Boden der Höhle mit dem gleichen Schleim überzogen war wie die Wände. Der Tunnel führte spiralförmig aufwärts wie ein Korkenzieher. Je weiter ich vordrang, desto entsetzlicher stank es. Es war so schlimm, dass ich mein Taschentuch über den Mund binden musste.

Ich war drauf und dran aufzugeben, da knirschte etwas unter meinen Füßen. Es war ein Knochen. Ich richtete den Schein der Taschenlampe auf den Boden, und da sah ich, dass er mit kleinen Knochen übersät war. Knochen jeder Form und Größe und viele kleine Schädel. An einem erkannte ich ein Lederband, an dem ein Messingschildchen hing. Darauf stand: „Timmy". Kein Zweifel, das war ein Hundehalsband.

Je weiter ich mich vorwärts bewegte, desto mehr Knochen lagen herum, bis ich schließlich in einem Strom von Knochen watete, der mir bis an die Knie ging. Mich schauderte vor Furcht, doch ich drängte weiter. Ich musste unbedingt das Foto schießen. Die einzige Möglichkeit, Opa aus dem Sanatorium zu bekommen, zu beweisen, dass er nicht verrückt war.

Schließlich mündete der Tunnel in eine weitere Höhle, die so hoch war, dass der Schein meiner Taschenlampe das Dachgewölbe nicht erreichte. Und in der Mitte, über einen Berg von Schätzen gebreitet, lag der Drache.

4

Seine mörderischen weißen Kinnladen waren aufgerissen und seine leeren Augen glichen Tümpeln aus Finsternis. Er rührte sich nicht und ich mich auch nicht. Meine Knie schlugen aneinander wie Presslufthämmer.

Das abscheuliche Untier sprang nicht auf und zermalmte auch nicht meine Knochen. Es konnte nicht. Es war tot.

Das Ungeheuer war nur noch ein Haufen Knochen. Mit einer letzten Anstrengung hatte es die Flügel über seinen Schatz gebreitet. Es war riesengroß und hässlich. Die ausgetrockneten Knochen seiner Flügel waren zu einem ewigen Flug unter der Erde erstarrt. Sein Schädel triefte von Schleim und grinste mich boshaft an, als hätte er es immer noch darauf abgesehen, meinen kleinen Körper in Stücke zu reißen.

Und der Schatz, den er so krampfhaft zu horten versuchte? Wie ärmlich! Nichts als Plunder. Stöße von Gerümpel. Demolierte Fernsehapparate, ausrangierte Kofferradios, Mülltonnendeckel, alte Autoräder, Flaschen, kaputte Kinderwagen, zerbrochene Spiegel und verbogene Bilderrahmen. Keine Diamanten und kein goldenes Schwert weit und breit. Der Drache war

König eines Müllberges gewesen. Allen Unrat, der durch den Abwasserkanal gespült worden war, hatte er aufbewahrt.

Jetzt konnte ich das erledigen, weshalb ich gekommen war. Das Foto. Ich stellte mich auf einen glitschigen Stein und setzte den Fotoapparat an. Jetzt kam der Beweis, der Opa retten würde. Ungefähr zehn Fotos schoss ich – da rutschte mein Fuß weg, und Taschenlampe und Fotoapparat flogen in die Luft. Ich hörte, wie sie klappernd auf dem Müllberg landeten. Beim Aufprall blinkte die Taschenlampe noch einmal, dann ging sie aus. Ich stand in pechschwarzer Finsternis. Allein mit einem toten Drachen.

Vorsichtig tastete ich umher und suchte nach dem Fotoapparat. Der Stein, auf dem ich gestanden hatte, war gar kein Stein. Es war so etwas wie ein glatter Kasten mit abgerundeten Ecken. Behutsam fuhr ich mit den Fingern darüber, dann tappte ich weiter. Unbedingt musste ich die Taschenlampe und den Fotoapparat finden, aber tief in meinem Innern wusste ich, dass es unmöglich war. Sie lagen irgendwo zwischen dem Gerümpel des Drachen. Unter den verwesenden Knochen. In der Dunkelheit, das wusste ich, würde ich weder das eine noch das andere finden.

Während ich weiter im Müll herumstocherte, stieß ich gegen eine alte Öltonne. Sie polterte unter schrecklichem Getöse den Müllberg hinunter.

Plötzlich spürte ich die feuchte Erde beben. Der Lärm hatte das Dach der Höhle zum Einsturz gebracht. Felsbrocken und Steine fielen herab. Die Höhle brach in sich zusammen. Die Erde zitterte, als riesige

Felsungetüme aus dem Dachgewölbe fielen. Ich musste hier raus, wenn ich nicht lebendig begraben werden wollte. Durch den Müll stolperte ich zurück zum Tunnel und kämpfte mich durch die Knochenflut. Oft stieß ich mit dem Kopf gegen Stein oder rutschte auf dem schleimigen Untergrund aus. Hinter mir hörte ich ein gewaltiges Krachen und Platschen. Plötzlich erfüllte ein Donnern die Luft und ein Windstoß drückte mich in die Korkenzieher-Passage des Tunnels. Das gesamte Dach der Höhle musste eingestürzt sein.

Auf dem Hintern rutschte ich durch das glitschige Rohr. Es war holprig, und im Lauf der langen Rutschpartie wurde meine Hose durchgescheuert.

Schließlich landete ich kopfüber auf dem Boden. Alles tat mir weh, ich konnte nichts sehen, bestimmt blutete ich überall.

Ein lautes Rumpeln kam von oben. Da stürzte etwas hinter mir her. Bevor ich ausweichen konnte, krachte mir etwas Hartes, Gummiartiges auf den Kopf und schlug mich nieder. Es war das glatte Kasten-Ding, auf dem ich gestanden hatte.

Da saß ich nun im gluckernden Wasser und weinte. Alles war umsonst gewesen. Ich hatte die Überreste des Drachen gesehen und Fotos geschossen. Aber der Fotoapparat, der Drache und sein Müllschatz – alles lag unter Tonnen von Felsen begraben. Der Drache war für immer verschwunden und mit ihm Opas Hoffnung, dem Sanatorium zu entkommen. Es gab keinen Beweis mehr, dass der Drache jemals gelebt hatte.

Ich konnte fühlen, wie sich der Kasten durch den Kanal weiterbewegte. Er schwamm. Da beschloss ich, ihm zu folgen, und das war höchstwahrscheinlich meine Rettung. Weil ich dem schwimmenden Kasten gefolgt war, konnte ich ohne Taschenlampe zurückfinden.

Zuletzt – durchnässt, frierend und unglücklich – tauchte ich im frühen Morgenlicht wieder auf der Erde auf. Das ganze Abenteuer war umsonst gewesen. Alle würden Opa weiterhin für verrückt halten, und ich war der Einzige, der wusste, dass es nicht stimmte. Allein dieser Gummiwürfel zeugte von meinen Anstrengungen. Einen Beweis, dass einmal ein Drache in der Kanalisation gelebt hatte, konnte ich nicht bringen.

Ich sah mir den Kasten näher an. Er sah aus wie ein großer Würfel von einem Mensch-ärgere-dich-nicht-Spiel, nur hatte er keine Punkte. Er war rot und schwer. Einen Deckel konnte ich nicht sehen. Er war massiv, nicht hohl. Ich nahm mir vor, ihn Opa zu zeigen.

Also schleppte ich den Würfel nach Hause und stellte mich erst mal unter die Dusche. Mum war zur Arbeit gegangen. Ich zog saubere Klamotten an und machte mich auf den Weg zum Sanatorium. Die Schwester mit den fiesen Augen saß in ihrer gläsernen Wärterzelle am Ende des Flurs.

„Na", sagte sie höhnisch, „wo ist denn dein Drachefoto?"

„Ich hab keins", sagte ich traurig. „Aber ich hab was anderes." Ich hielt ihr den Würfel hin.

„Was ist das?", schnappte sie.

„Es ist aus der Drachehöhle", sagte ich unsicher.

„Du abscheulicher kleiner Junge, du", antwortete sie. „Glaub bloß nicht, dass du mit deinen Lügen den alten Mann hier rausbringen kannst. Und dass du ja dieses Stinkeding wieder mitnimmst, wenn du gehst!"

Ich ging in Opas Zimmer. Sein Gesicht hellte sich auf, als er mich sah, aber als er meine Geschichte hörte, wurde es wieder traurig.

„Ich bin erledigt, Chris", sagte er. „Jetzt werde ich meine Geschichte nie beweisen können. Jetzt werde ich hier mein Leben lang eingesperrt sein."

Wir saßen da und starrten ratlos den Würfel an. Plötzlich richtete sich Opa im Bett auf. „Warte mal", sagte er. „Über so ein Ding habe ich mal was gelesen." Er zeigte auf den Würfel. „Ich glaube, ich weiß, was das ist." Er grinste.

Während er sprach, merkte ich, wie auf einer Seite des Würfels ein Riss entstand. Mit einem Knall brach das ganze Ding in zwei Hälften und ein kleiner Drache sprang heraus.

„Es ist ein Dracheei!", rief Opa. „Dracheeier sehen aus wie Würfel."

Das kleine Monster rannte auf mein Bein zu und ließ die Zähne zusammenklappen. Es war hungrig. Ich sprang auf das Bett zu Opa, und wir lachten beide. Die Drachebaby-Zähne waren scharf.

Der Drache war lila und hatte grüne Zähne. Rauch quoll aus seinen Ohren.

„Ich komm doch hier raus", sagte Opa. „Jetzt können sie mich nicht behalten. Wir können beweisen, dass ich einen Drache in der Kanalisation gesehen

habe. Dieser kleine Bursche kommt nicht von nirgendwo. Ich bin frei!"

„Hurra!", rief ich, so laut ich konnte. „Es ist wirklich ein Drache!"

Da hörte ich das Klipp-klapp-Geräusch von Schwester Gribbles Schuhen. Der kleine Drache stand still und
schnüffelte. Er sah zur Tür. Er witterte Futter.

Schwester Gribble trippelte in das Zimmer und
erhob ihre Stimme. „Es gibt keine ..." Ihre Stimme
wandelte sich zu einem schrillen Schrei, als der kleine
neugeborene Drache durch das Zimmer galoppierte
und seine Zähne in ihr Bein schlug. „Hilfe!", kreischte
sie. „Hilfe, Hilfe! Nehmt ihn weg. Nehmt ihn weg. Ein
schrecklicher kleiner Drache. Er beißt mich!" Sie
hüpfte durch das ganze Zimmer, der Drache, fest ver-
bissen, hing an ihrem Bein. Sie schrie und kreischte,
doch der Drache ließ nicht los.

Opa stürmte mit seinem Koffer zur Tür.

Schwester Gribble fing zu quieken an. „Nicht weggehen! Nicht! Lasst mich nicht allein mit diesem Drache!"

Opa sah sie an. „Nun seien Sie nicht albern", sagte
er. „Drache gibt's überhaupt nicht."

Innen, außen

1

„Was hast du mitgebracht?", fragte meine Schwester Mary und schielte nach der Videokassette in meiner Hand.

Der Mörder mit der Kettensäge, antwortete ich ungerührt.

„Du gemeiner Kerl!", kreischte sie los. „Du hast versprochen, du bringst was Schönes mit. Du weißt genau, ich kann diese Horror-Videos nicht ausstehen. Ich seh mir solche schrecklichen Filme nicht an, in denen Menschen mit Kettensägen umgebracht werden. Und außerdem war ich jetzt dran. Ich durfte aussuchen. Du hast gesagt, du bringst eine Liebesgeschichte mit, wenn ich dich gehen lasse."

„Es ist eine Liebesgeschichte", erklärte ich. „Sie handelt von einem Kerl, der schneidet sein Mädchen mit einer Kett ..."

„Das will ich nicht", unterbrach sie mich. „Es ist doch nur wieder so ein blutrünstiges, gruseliges, unheimliches Horror-Video. Du weißt genau, dass ich das nicht sehen kann. Du weißt genau, ich kriege wochenlang kein Auge zu danach." Ihre Stimme wurde lauter und lauter und vorgetäuschte Tränen rollten ihr über das Gesicht. Sie hoffte, Mum würde sie hören und mir den Marsch blasen.

„Hat keinen Zweck zu brüllen", sagte ich. „Mum und Dad sind ausgegangen. Vor zwei Uhr morgens werden sie nicht zurück sein. Sie sind ins Kino."

„Das wirst du mir büßen", sagte sie gehässig. „Wart's ab!" Sie lief aus dem Zimmer und knallte die Tür hinter sich zu. Was für eine Schwester! Mary war das größte Baby, das ich je gesehen hatte. Wenn es auch nur ein bisschen unheimlich wurde auf dem Bildschirm, presste sie die Augen zu und verstopfte sich die Ohren. Sie konnte das einfach nicht ertragen. Ganz im Gegensatz zu mir. Mir konnte überhaupt nichts Angst machen. Je gruseliger, desto besser. Es würde mich auch nicht erschrecken, wenn ich einem richtigen Gespenst begegnete. Über so was konnte ich nur lachen.

Ich legte die Kassette in das Videogerät ein und machte es mir bequem. Es war noch besser, als ich gedacht hatte. Der Film begann damit, dass man durch ein Fenster einen Kerl sah, der eine Kettensäge in Gang setzte. Plötzlich war das Fenster voller Blutspritzer und man konnte nicht mehr durchsehen. In dem ganzen Film wimmelte es von Leichen – Gerippe standen aus Gräbern auf, Gespenster liefen ohne Kopf herum und Menschen wurden von Kettensägen aufgeschnitten. Es war toll. In meinem ganzen Leben hatte ich nicht so gelacht.

Ungefähr nach einer Stunde bekam ich Hunger. Ich ging in die Speisekammer und machte mir ein Sandwich mit Erdnussbutter, Salat, Banane und Pökelfleisch. Ich wollte noch eine Spur Senf darauf streichen, fand aber keinen. Während ich in der Speisekammer herumkramte, hörte ich Mary ins Wohnzimmer kommen. Ohne aufzusehen, fragte ich: „Na, was ist? Hast du Angst, ganz allein in deinem Zimmer?"

Da hörte ich ein fürchterliches Geräusch. Mary hatte den AUS-Knopf am Videogerät gedrückt! Schnell wie der Blitz zog sie die Kassette heraus und rannte damit aus dem Zimmer. Das kleine Biest hatte mir die Kassette weggeschnappt. Es war ein Werk von Sekunden. Mary war schneller gewesen als der Schurke in *Friedhofsräuber* (ein echt gutes Video über einen Typ, der Leichen klaut). Ich rannte die Treppe rauf hinter ihr her, aber ich kam zu spät. Mary schlug ihre Zimmertür hinter sich zu und drehte den Schlüssel um.

Ich ballerte mit den Fäusten gegen die Tür. „Gib mir das Band zurück, du Schlange! Es ist gerade an der geilen Stelle, wo die Maden aus dem Grab kommen."

„Auf keinen Fall", sagte sie durch die verschlossene Tür. „Ich gebe es nicht her. Ich kann das Schreien und Stöhnen und die Gruselmusik bis hierher hören und ich hab Angst. Ich gebe dir das Video nur, wenn du hingehst und dafür *Lovestory* holst."

„*Lovestory!*", rief ich. „Nie. So einen Schmalz seh ich mir nicht an."

„Ich habe Angst, Gordon", sagte sie. „Bitte bring es zurück." Wie jämmerlich. Sie hörte sich an wie die hilflose Frau in *Ehe mit einem Kannibalen-Häuptling*, ein Frauenmörder-Film mit vielen blutigen Szenen über einen Kerl mit großem Appetit.

Mary fürchtete sich so, weil Mum und Dad nicht zu Hause waren. Das brachte mich auf einen Einfall.

„Gib mir das Band zurück", sagte ich. „Oder ich gehe weg und lass dich ganz allein im Haus." Keine Antwort. Sie war echt stur. Also drehte ich mich um und ging die Treppe hinunter. Ich war wütend auf Mary, weil ich den Rest des Films wirklich gern gesehen hätte.

Als ich schon an der Haustür war, erschien sie oben an der Treppe. „Komm zurück, Gordon. Bitte komm zurück. Ich fürchte mich ganz allein hier." Ich ging weiter. Jetzt war es zu spät. Jetzt würde ich ihr mal eine Lektion erteilen.

2

Ich lachte vor mich hin, während ich die dunkle Straße hinunterging. Mary war echt ein Waschlappen. Sie erschrak vor ihrem eigenen Schatten. Sicher bibberte sie vor Angst so ganz allein im Haus. Wieder überkam mich das Lachen, aber allmählich geriet ich ins Grübeln, warum sie denn bloß so ängstlich war. Ich war nämlich so, dass ich vor überhaupt nichts Angst hatte. Sogar *Die Augen des schleichenden Todes* hatte ich angeguckt, ohne mit der Wimper zu zucken. Und ausgerechnet Mary, aus dem gleichen Fleisch und Blut wie ich, war genau das Gegenteil.

Ich musste an all die Horror-Videos denken, die ich schon gesehen hatte. Da war kein einziges dabei, das mir Schrecken eingejagt hatte. Und selbst wenn eins davon Wirklichkeit geworden wäre, hätte mich das nicht aus der Fassung gebracht. Ich war so an gruselige

Sachen in Filmen gewöhnt, dass auch ein echtes Gespenst mir keine Angst machen könnte. Ohne lange nachzudenken, würde ich ihm sagen, dass es abzischen soll.

Ich ging am „All Night Video Shop" vorbei und dann einen dunklen Weg hinunter. Der Mond schien nicht. Fast hoffte ich, dass etwas Gruseliges passierte. Ich wanderte immer weiter durch die Nacht und kam schließlich in eine mir unbekannte Gegend. Allmählich wurden die Häuser immer seltener und dann stand ich auf einem Pfad, der sich zwischen Bäumen hindurchschlängelte.

Nach kurzer Zeit stieß ich auf etwas, das ich hier draußen im Wald nicht erwartet hätte. Einen Briefkasten. Er war alt und verbeult und stand am Rand des schmalen Weges, der weiter in die Dunkelheit zwischen den Bäumen führte. Diesem Weg wollte ich nachgehen und sehen, wohin er führte.

Er führte zu einem alten, eingestürzten Haus. Ich konnte es deutlich sehen, weil der Mond herausgekommen war. Das Blechdach war rostig und eingefallen. Brombeersträucher wuchsen auf der Veranda und alle Fensterscheiben waren zerbrochen. Die Haustür hing in den Angeln, nichts konnte mich hindern einzutreten. Ich tastete mich in das vordere Zimmer. In einer Ecke stand ein altes Bett aus Holz. Ohne Matratze zwar, aber Bett war Bett. Ich war müde, also schlurfte ich hinüber und legte mich hin. Angst hatte ich keine. Nicht ein bisschen. In dieser alten Hütte wollte ich bleiben und nicht eher nach Hause gehen, bis Mum und Dad wieder da waren. Das würde Mary eine Lehre sein.

Ich machte die Augen zu und stellte mir vor, ich wäre der Held aus *Haus des Todes*. Ich war der Geister-Jäger. Unbesiegbar. Nichts konnte mir etwas anhaben. So jedenfalls kam ich mir in diesem Augenblick vor. Deshalb zuckte ich kaum mit der Wimper, als die Kerze angeschwebt kam.

3

Jawohl, eine Kerze. Eine brennende Kerze. Sie schwebte durch den Raum und blieb neben dem Bett in der Luft stehen. Ich rührte mich nicht. Starrte sie einfach gleichgültig an. Die Kerze kam näher, bis sie nur noch ein paar Zentimeter vor meinem Gesicht stand. Ich holte tief Luft und blies sie aus. Mir war, als hörte ich einen Seufzer. Dann war alles verschwunden.

Ich drehte mich auf die Seite und tat, als ob ich schliefe (ein Trick, den ich in dem Film *Blut auf dem Dachboden* gesehen hatte). Kurz darauf hörte ich ein leises Klirren aus dem Nebenraum. Ich reagierte nicht. Das Geräusch schwoll zu einem Klappern und Rasseln an, aber ich rührte mich immer noch nicht. Dann wurde es so laut, dass es den Boden erzittern ließ und mir in den Ohren dröhnte. „Ruhe!", schrie ich. „Kann man denn hier nicht mal ein bisschen schlafen!" Sofort hörte das fürchterliche Getöse auf.

Ich ahnte, dass noch mehr kommen würde, und da lag ich nicht falsch. Im nächsten Augenblick quoll grüner Nebel zum Fenster herein und waberte als trüber, gespenstischer Dunst im Zimmer hin und her. „Du solltest hier drin nicht rauchen", sagte ich. „Die Hütte kann leicht Feuer fangen." Der Nebel kreiselte wie eine Spirale um sich selber und entschwand durch ein Astloch. Das war toll. Das war super. Genau wie in *Der Geist von der letzten Lagune.*

Was dann kam, war doch ein bisschen unheimlicher. Das bestreite ich nicht, aber ich hatte die Sache im Griff. Wer oder was es auch immer war – man wollte, dass ich schreiend in die Nacht hinausliefe. Aber ich nahm mir vor cool zu bleiben. Ein riesiges Lippenpaar erschien, schnappte auf und zu und zeigte dabei ekelhafte gelbe Zähne. Danach erschienen ein Paar blutunterlaufene Augen, die sich direkt über den Lippen niederließen. Aus dem Mund schoss eine enorm große, gegabelte Zunge, die vor Speichel triefte. Die Zunge leckte über die Lippen und kam dann schlängelnd auf mich zu.

„Du hast Mundgeruch", brachte ich hervor. Offensichtlich wusste das Wesen nicht, was Mundgeruch war, denn es verharrte dicht vor meinem Gesicht wie eine Schlange vor dem Angriff. „Schlechter Atem", übersetzte ich. „Du hast einen schlechten Atem. Wie das Riesenschwein in *Der Mörderwal.*" Ich glaubte, wieder einen leisen Schluchzer zu hören, bevor das Ganze verschwand. Ob ich seine Gefühle verletzt hatte?

Die nächste Erscheinung bestand aus einem menschlichen Totenkopf mit starrenden, leeren Augenhöhlen. „Alter Hut", sagte ich. „Das hättest du besser hinkriegen können." Aus einem Auge begann Blut zu fließen. „Noch nicht gut genug", sagte ich. „Das habe ich schon mal gesehen in *Ein Totenkopf macht Urlaub.*"

Die restlichen Knochen erschienen, und das ganze Skelett fing zu tanzen an, drehte und wand sich wie zu einem wilden Rhythmus. „Nicht besonders cool", war mein Kommentar. „Das war vor Jahren mal Mode. Kriegst du keinen Rap auf die Platte?"

Das war zu viel. Das konnte es nicht so einfach wegstecken.

Das Skelett setzte sich auf einen wackligen Stuhl und verwandelte sich in ein kleines Gespenst. Es hatte die Gestalt von einem Punkrocker. Er war vollkommen durchsichtig und hatte eine Lederjacke mit Nieten an. Außerdem trug er enge Jeans und durch die Nase eine Sicherheitsnadel. Sein Schädel war kahl rasiert bis auf einen rosa Irokesen-Kamm.

4

Er sah mich an, dann ließ er den Kopf hängen und vergoss ein paar Tränen. „Es ist zwecklos", jammerte er. „Nicht mal einem Schuljungen kann ich Angst einjagen. Ich bin verloren. Ich bin ein Versager."

„Würdest du bitte abhauen und die Klappe halten", sagte ich. „Ich gehe um ein Uhr und will nichts weiter als ein bisschen Ruhe."

Er schüttelte den Kopf. „Du kannst nicht gehen. Ich brauch dich für meine Prüfung. Wenn ich bestehe, kannst du abhauen – wenn du noch laufen kannst. Aber wenn ich durchfalle, wirst du lebendig eingefroren werden müssen bis zum nächsten Mal."

„Wann ist das?", fragte ich.

„Nächstes Jahr um dieselbe Zeit."

„Nein, danke", antwortete ich. „Ich muss zurück und mich um meine kleine Schwester kümmern. Sie ist allein zu Hause und hat Angst. Ich glaube, es ist wohl besser, wenn ich jetzt gehe." Ich versuchte aufzustehen, aber ich konnte nicht. Es war, als würden unsichtbare Hände mich niederdrücken.

„Pass auf", sagte er. „Ich lass dich nirgendwo hin. Du bleibst schön hier bei mir. Wenn ich meine Prüfung bestehe, kannst du gehen. Wenn nicht – wirst du bis nächstes Jahr kalt gelagert." Die Sicherheitsnadel in seiner Nase wackelte, während er sprach.

Meinen Mund konnte ich noch bewegen, sonst nichts. „Ich muss gehen", sagte ich. „Ich kann nicht ein Jahr lang hier bleiben. Für morgen Abend habe ich *Jack the Ripper* bestellt."

„Dann hilf mir, dass ich die Prüfung bestehe", sagte er.

„Was musst du denn machen?"

„Der Boss kommt. Ich muss ein Opfer in Angst und Schrecken versetzen, nämlich dich. Wenn es schaurig genug ist, hab ich bestanden. Wenn nicht, lässt er mich durchfallen. Sieht aber nicht gut aus. Du bist nicht leicht aus der Ruhe zu bringen. Sitzt nur rum und hältst freche Reden, egal was ich mache. Um es deutlich zu sagen, es sieht böse aus für uns beide. Wenn ich dich nicht ordentlich erschrecken kann, bestehe ich meine Prüfung nicht, und wenn ich meine Prüfung nicht bestehe, müssen wir beide hier bleiben bis nächstes Jahr um diese Zeit."

„Dann simuliere ich eben", rief ich. „Ich tu so, als

wäre ich erschrocken. Dann bestehst du deine Prüfung und ich kann gehen."

Traurig schüttelte er den Kopf. „Nützt nichts. Der Boss ist sehr erfahren. Deswegen ist er ja der Boss. Er kriegt die kleinsten Vibrationen mit. Er würde sofort merken, wenn du nicht wirklich erschrocken bist."

„Lass mich frei", bat ich. „Ich werde dir helfen, was auszudenken. Du könntest was versuchen aus *Terror um Mitternacht.*"

„Du willst doch aber nicht abhauen?", fragte er und sah mich argwöhnisch an.

„Ich verspreche es."

Die unsichtbaren Hände gaben mich frei und ich ging im Zimmer auf und ab. Ich dachte an Mary. Die wäre bestimmt entsetzt. Aber dass dieses kleine Punkgespenst mir Angst einjagen könnte, das war ganz und gar unmöglich.

„Hast du den Film *Gestalten der Nacht* gesehen?", fragte ich. „Da waren ein paar gute Sachen drin."

„Nein. Hab ich verpasst", sagte er. „Schnell jetzt. Setz dich aufs Bett. Da kommt der Boss. Unsere Prüfung geht gleich los."

5

Ich setzte mich wie gewünscht und der Boss kam durch die Mauer geschwebt. Er hatte einen Nadelstreifenanzug an, ein weißes Oberhemd und eine schwarze Krawatte. In der linken Hand trug er eine schwarze Aktentasche aus Leder und auf der Nase eine Brille mit

Goldrand. Ich konnte durch ihn hindurchsehen. Von mir nahm er überhaupt keine Notiz und auch das Punkgespenst beachtete er kaum. Er setzte sich auf einen Stuhl, öffnete seine Aktentasche und nahm Kugelschreiber und Notizbuch heraus. Dann sah er auf seine Armbanduhr und sagte zum Punk: „Du hast zehn Minuten. Fang an."

Ich konnte mir gut vorstellen, dass der Punk nervös war. Er wollte unbedingt seine Prüfung bestehen und dazu musste er mir einen echten Schrecken einjagen. Aber ich hatte keine Angst. Kein bisschen. Die vielen Jahre Horror-Videos ließen mir das hier alles wie Kinderkram erscheinen. Aber ich machte mir Sorgen, weil ich nicht bis nächstes Jahr um diese Zeit kalt gelagert werden wollte. Ich versuchte ängstlich zu sein, aber ich konnte einfach nicht.

Der Punk griff einen Tennisball aus dem Nichts und platzierte ihn auf dem Tisch. Dann sprenkelte er ein bisschen rosa Puder darauf und sagte: „Innen, außen." Der Tennisball auf dem Tisch fing an, sich zu winden. Ein feiner Riss entstand und dann krempelte er sich um, die Innenseite nach außen. Sehr eindrucksvoll, aber nicht sehr gespenstisch. Mein Pulsschlag erhöhte sich nicht um einen Deut. Schon sah ich mich für ein Jahr eingefroren, bis der Punk seine Prüfung wiederholen konnte. Ich gähnte innerlich. Mein Punkfreund musste sich schon was Besseres einfallen lassen. Er hatte einfach nicht genug Fantasie.

Als Nächstes produzierte er eine kleine Wurst. Wieder sprenkelte er ein bisschen von dem rosa Puder darüber und sagte: „Innen, außen." Die Wurst riss an der

Seite auf, als läge sie auf einem heißen Grill. Dann wendete sich alles um, das Fleisch hing draußen und die Haut war innen. Der Boss schrieb etwas in sein Notizbuch.

Die Sache war nicht gut genug. Sie war wirklich nicht gut genug. Das waren eher Zauberkunststücke als Horror. Ich war absolut nicht erschrocken. Mein Herz sank.

Der Punk holte eine Wassermelone aus dem Nichts. Wieder sprenkelte er den rosa Puder darüber und sagte: „Innen, außen." Die Wassermelone wendete ihr Inneres nach außen und man sah das Fruchtfleisch mit den Kernen, die daran hingen. Wieder schrieb der große Meister etwas in sein Notizbuch.

Der Punk sah mich an. Dann, ohne Warnung, schüttete er rosa Puder über mich und sagte: „Innen, außen."

„Stopp!", schrie der Boss. Dann wurde er ohnmächtig. Er musste den Bruchteil einer Sekunde eher als ich zu Boden gestürzt sein. Als Gespenst hatte er sich dabei nicht verletzt. Ich muss wohl mit dem Kopf auf den Tisch geknallt sein. Ungefähr eine halbe Stunde lang war ich ohne Besinnung. Als ich aufwachte, sah ich mich um, doch das Haus war leer. Von keinem der beiden eine Spur, nur im Staub auf dem Spiegel stand: „Ich habe eine Eins plus."

Keine Ahnung, wie ich zurückgefunden habe. Ich war so entsetzt, dass mir die Knie schlotterten. Beim kleinsten Geräusch fuhr ich zusammen.

Als ich zu Hause war, ging ich sofort ins Bett, weil Mary einen echt gruseligen Film ansah.

Die große Muppets Show.

Der Straßenmusikant

1

„Kannst du mir zehn Dollar leihen, Dad?", fragte ich.

„Nein", antwortete er, ohne aufzusehen.

„Ach, Mensch, komm. Nur bis ich Taschengeld kriege. Ich zahl's dir zurück."

Er sah mich immer noch nicht an und strich Butter auf ein Brötchen. Tat, als wäre ich überhaupt nicht da. Er aß das ganze Brötchen, ohne ein Wort zu sagen. Ich ärgerte mich mächtig, aber ich musste cool bleiben. Wenn ich ihn in Rage brachte, würde ich das Geld nie kriegen.

„Ich mach auch was dafür", versuchte ich es. „Ich mähe den ganzen Rasen. Das ist zehn Dollar wert."

Jetzt sah er auf. „Du musst verrückt sein", sagte er, „wenn du denkst, ich lass dich noch mal in die Nähe des Rasenmähers. Beim letzten Mal hast du mehr als fünfzehn Pflanzen abgemäht, die ich gerade eingepflanzt hatte. Die haben mich fünfundzwanzig Dollar gekostet und fünf Stunden Arbeit. Du hast jede an der Wurzel abgemäht, und jetzt soll ich dir zehn Dollar geben."

Ich merkte sofort, es war ein Fehler, dass ich etwas vom Rasen gesagt hatte. Ich musste das Thema wechseln. „Es ist sehr wichtig", sagte ich ihm. „Ich brauche es, damit ich Tania am Samstag ins Kino einladen kann."

„Das ist wichtig? Tania ins Kino einladen?"

„Für mich schon", sagte ich. „Sie ist das tollste Mädchen in der ganzen Schule. Und sie geht am Samstagabend mit mir, wenn ..." Noch ein Fehler. Das hatte ich ihm gar nicht sagen wollen.

„Wenn was?", knurrte er.

„Wenn ich sie mit dem Taxi abhole. Und wenn ich mir kein Taxi leisten kann, geht sie mit Brad Bellamy. Der hat Geld wie Heu. Der kriegt fünfzehn Dollar die Woche von seinem Dad."

„Menschenskind, Junge. Du bist erst fünfzehn und du willst ein Mädchen im Taxi ausführen. Wo sind wir nur hingekommen? Als ich in deinem Alter war ..."

„Schon gut", sagte ich. „Vergiss es." Ich verließ das Zimmer, bevor er mit seinen Geschichten anfangen konnte, wie er jeden Morgen fünf Meilen zur Schule gehen musste, als er jung war. Barfuß. Und mitten im Winter. Dann wieder zu Fuß nach Haus und mit einer stumpfen Axt eine Tonne Holz hacken. Jedes Mal, wenn er die Geschichte erzählte, wurde sie schlimmer. Beim ersten Mal musste er zwei Meilen zur Schule laufen. Dann fünf. Wenn es so weiterging, würden es bald fünfzig Meilen werden und zehn Tonnen Holz – mit einer Rasierklinge gehackt.

Zerknirscht ging ich hinaus in die warme Nachtluft. Dad verstand mich einfach nicht. Es war nicht irgendeine gewöhnliche Verabredung. Es war eine Verabredung mit Tania. Sie war das schönste Mädchen, das ich je gesehen hatte. Lange blonde Haare, perlweiße Zähne, tolle Figur. Und sie hatte Stil. Echt Stil. Nicht dran zu denken, dass Tania zu Fuß ins Kino gehen oder mit dem Bus fahren würde. Sie hatte mir ganz klar gesagt: Taxi – oder es läuft gar nichts. Spätestens morgen früh musste ich ihr meine Antwort geben oder sie würde sich für Brad Bellamy entscheiden. Der konnte sich zehn Taxis leisten, weil sein Vater reich war.

„Ich geh noch mal zum Strand runter", rief ich über die Schulter. Keine Antwort. Nach Dads Interesse zu schließen, hätte ich genauso gut tot sein können.

Barfuß ging ich am Strand entlang und ließ meine Füße durch das Wasser schleifen. Ich grübelte über Möglichkeiten nach zu Geld zu kommen. Ich könnte mir einen Lottoschein kaufen. Man konnte nie wissen. Einer musste doch gewinnen. Warum nicht ich? Oder vielleicht würde ich das Mahagonischiff entdecken. Es lag hier irgendwo am Strand unter dem Sand vergraben, aber seit über hundert Jahren hat es niemand gesehen. Was, wenn das Meer den Sand weggespült und es gerade in dieser Nacht freigelegt hätte? Und ich fände es? Dann hätte ich Anspruch auf den Finderlohn von eintausend Dollar. Junge, dann würden sich alle um mich reißen. Dann könnte ich ein vergoldetes Taxi mieten und Tania damit herumfahren lassen.

Der Strand war menschenleer und der Mond schien. Alles war deutlich zu sehen. Ich ging weiter und immer weiter, weg von der Stadt und den Häusern. Es war einsam und spät in der Nacht, aber ich fürchtete mich nicht. Ich war ganz vertieft in die Suche nach dem Mahagonischiff und überlegte, wie ich den Finderlohn anlegen würde. Von Zeit zu Zeit sah ich etwas aus dem Sand ragen, dann rannte ich, so schnell ich konnte, hin. Aber jedes Mal wurde ich wieder enttäuscht. Alles, was ich fand, waren alte Tonnen und Treibholz, von der Brandung an Land gespült. Es war seltsam. Ich rechnete nicht ernsthaft damit, das Mahagonischiff zu finden. So was passiert einfach nicht in Wirklichkeit, aber in meinem Hinterkopf hielt sich hartnäckig die Vorstellung, ich könnte vielleicht Glück haben und über das Schiff stolpern.

Nach einer Weile beschloss ich, auf den Kamm der Düne zu klettern, die sich am Strand hinzog. Von da oben könnte ich meilenweit sehen. Ich kämpfte mich hinauf und setzte mich unter einen windschiefen, ge-krümmten Baum. Gerade in diesem Moment ver-schwand der Mond und alles war in Finsternis gehüllt.

„Wonach suchst du, Junge?", sagte eine tiefe Stimme aus dem Dunkeln.

Da muss ich wohl mindestens einen Meter hoch ge-sprungen sein. Ich war zu Tode erschrocken. Da stand ich, weit entfernt von jeder Hilfe, an einem einsamen Strand mitten in der Nacht und ein unsichtbarer Mann sprach mich aus der tiefen Dunkelheit an. Ich wollte wegrennen, doch meine Beine rührten sich nicht von der Stelle.

„Wonach suchst du, Junge?", fragte die Stimme wie-der. Ich starrte in die Finsternis unter dem Baum und konnte gerade so eben eine schattenhafte Gestalt aus-machen, die im Sand saß. Das Gesicht war nicht zu er-kennen, aber der Stimme nach musste der Mann sehr alt sein.

Schließlich brachte ich eine Antwort heraus. „Das Mahagonischiff", sagte ich. „Ich suche nach dem Mahagonischiff. Wer sind Sie?"

Er antwortete mir nicht, sondern fragte weiter. „Warum willst du das Mahagonischiff finden, Junge?"

„Der Finderlohn", stammelte ich. „Es gibt einen Finderlohn von eintausend Dollar."

„Und was willst du mit den tausend Dollar machen, wenn du sie hast?", fragte die Stimme bekümmert.

Keine Ahnung, warum ich nicht umgekehrt und weggerannt bin. Der Schreck saß mir immer noch in den Gliedern, aber ich hatte mich doch wieder etwas gefangen, und ich dachte, zur Not kann ich schneller laufen als ein alter Mann. Und außerdem hatte er etwas an sich, das mich neugierig machte. Seine Stimme klang gleichzeitig traurig und weise.

„Ein Mädchen", sagte ich. „Es gibt da ein Mädchen namens Tania. Ich brauche das Geld, um mit ihr auszugehen. Nicht tausend Dollar, nur zehn. Aber tausend Dollar wären klasse."

Der alte Mann sagte lange nichts. Sehen konnte ich ihn nicht richtig, aber ich hörte seinen Atem. Endlich seufzte er und sagte: „Du glaubst, das Geld verschafft dir die Liebe dieses Mädchens? Du glaubst, tausend Dollar machen dich beliebt?"

So wie er es sagte, hörte es sich komisch an. Ich wusste nicht, was ich ihm antworten sollte.

„Setz dich hin, Junge", befahl er. „Setz dich hin und hör zu."

Fast wäre ich weggelaufen. Es war alles so gespenstisch, so unheimlich, aber ich wollte doch lieber tun, was er sagte. Er hörte sich an, als erwarte er, dass man ihm gehorche, also setzte ich mich in den Sand, starrte in die Dunkelheit und versuchte rauszukriegen, wer er war.

„Ich will dir eine Geschichte erzählen, Junge. Und du wirst mir zuhören. Wenn ich fertig bin, kannst du aufstehen und gehen. Aber nicht, bevor ich zu Ende bin. Verstanden?"

Ich nickte dem dunklen Schatten zu und blieb sitzen, ohne mich zu rühren. Und dies hat er mir erzählt:

2

Vor vielen Jahren gab es mal einen Straßenmusikanten, der arbeitete in Melbourne. Er stand in der Nähe des Bahnhofs und machte Musik für die Menschen, die vorübergingen. Er war von oben bis unten mit Flaggen bekleidet. Hose, Jacke und Hemd waren aus Flaggen gemacht und sein Zylinderhut war mit einer Flagge bespannt. Wenn er auf einen Knopf drückte, öffnete sich eine kleine Klappe an seinem Hut und Flaggen sprangen heraus.

Er spielte verschiedene Musikinstrumente gleichzeitig. Mit seinen Füßen trat er auf Pedale, durch die drei Trommeln geschlagen wurden. An einem Draht vor seinem Gesicht hatte er eine Mundharmonika befestigt und mit seinen Händen spielte er Gitarre. Seine Musik war schrecklich, aber wegen seines Hundes blieben die Leute stehen, sahen und hörten zu. Der Hund, der Tiny hieß, ging mit einem Hut im Maul herum und sammelte das Geld ein, das die Leute hineinwarfen. Tiny trug ein Jäckchen in den Farben der australischen Flagge. Immer wenn der Hut leer war, stellte sich Tiny auf die Hinterpfoten und trippelte aufrecht umher. Dann lachten alle und warfen Geld in den Hut.

Der Straßenmusikant – kein Mensch nannte ihn bei seinem Namen – war eifersüchtig auf seinen Hund. Er merkte, dass die Leute in Wirklichkeit wegen seines Hundes stehen blieben und Geld gaben, und nicht wegen der Musik. Aber er konnte es nicht ändern, denn er brauchte das Geld.

Monate vergingen, und der Straßenmusikant wurde immer unglücklicher. Er wollte, dass die Leute ihn mochten und nicht den Hund. Da fing er an, Tiny schlecht zu behandeln, wenn niemand es sah. Manchmal gab er ihr die Schuld, wenn die Einnahmen nicht gut waren. Oft vergaß er tagelang, Tiny zu füttern. Die kleine Hündin wurde immer magerer, bis sie zuletzt so schwach war, dass sie den Hut mit dem Geld nicht mehr tragen konnte. Sie hielt ihn jetzt mühsam zwischen den Zähnen und schleifte ihn über die Erde.

Schließlich suchte ein Mann vom Tierschutzverein den Straßenmusikanten bei seiner Arbeit vor dem Bahnhof auf. „Der Hund sieht erbärmlich aus", sagte er. „Sie kümmern sich nicht ordentlich um ihn. Er ist so ausgehungert, dass ihm die Knochen aus dem Leib stehen. Dieser Hund darf nicht mehr arbeiten, solange er nicht wieder bei Kräften ist. Ich gebe Ihnen drei Wochen, um ihn wieder herauszufüttern. Wenn er bis dahin nicht in Ordnung ist, werde ich Ihnen den Hund wegnehmen, und Sie werden Strafe bezahlen."

Viele Leute waren stehen geblieben und hörten zu. „Jawohl, es ist eine Schande", rief ein Mann. „Seht euch das arme kleine Ding an." Auch andere fingen zu schimpfen an und buhten den Straßenmusikanten aus. Er wurde rot im Gesicht. Dann packte er seine Trommeln und seine Gitarre in sein Auto und fuhr mit Tiny davon.

Der Straßenmusikant wohnte ein Stück außerhalb der Stadt, und es dauerte lange, bis sie dort waren. Während der Heimfahrt kreisten seine Gedanken unentwegt um den Vorfall.

„Es ist alles nur die Schuld von diesem verfluchten Hund", sagte er zu sich selbst. „Ohne den wär das alles nicht passiert." Je weiter er fuhr, desto wütender wurde er. Als er zu Hause ankam, packte er Tiny am Genick und schleppte sie zum Hinterhof. Mitten auf diesem Hof war ein Brunnen. Es war kein Wasser darin, aber das Brunnenloch war sehr tief. Es war so tief, dass man von oben nicht bis zum Grund sehen konnte.

„Ich setz dich fest, Tiny", sagte der Straßenmusikant. „Du darfst drei Wochen lang nicht arbeiten. Na gut, dann kannst du Ferien machen. Schöne Ferien." Er ging, holte einen Eimer und band ein Seil daran. Dann setzte er Tiny in den Eimer und ließ sie in den Brunnen hinunter. Der arme Hund winselte und bellte, doch schon bald war er so weit unten, dass man ihn nicht mehr hören konnte. Als der Eimer den Grund erreicht hatte, sprang Tiny heraus und schnüffelte auf dem Boden des Brunnens herum. Hier war es feucht, aber zu fressen gab es nichts. Der Musikant zog den Eimer hinauf und ging ins Haus.

Tiny sah hoch, aber alles, was sie sehen konnte, war ein kleiner Lichtkreis weit oben. Sie lief immer rund herum und starrte sehnsüchtig auf den Lichtfleck hoch über sich.

Am nächsten Tag ging der Straßenmusikant ohne Tiny zur Arbeit. Er hatte keinen Hund, der den Hut herumtragen konnte, also legte er ihn einfach auf die Erde, damit die Leute ihr Geld hineinwerfen konnten. Aber fast keiner gab etwas. Der Straßenmusikant versuchte sein Bestes. Er spielte alle Melodien, die er kannte, und riss Witze. Aber es nutzte nichts. Den ganzen Tag über nahm er nur fünfzig Cents ein. Jetzt wusste er mit Sicherheit, dass es der Hund Tiny war, den die Leute mochten, und nicht er.

Er fuhr nach Hause und warf ein Stück Fleisch in den Brunnen. Von weit unten konnte er Tinys schwaches Bellen hören. „Hat keinen Zweck, Tiny", rief der Musikant. „Ich lass dich nicht raus, bevor drei Wochen um sind. Das soll dir eine Lehre sein."

Jeden Tag ging der Straßenmusikant zur Arbeit und es war immer dasselbe. Er spielte seine Musik, aber kaum einer warf Geld in den Hut. „Ohne Tiny mag mich oder meine Musik kein Mensch", sagte sich der Straßenmusikant. Er war wütend. Er wollte, dass die Leute ihn mochten. Es ging ihm nicht so sehr um das Geld. Er wollte vor allem, dass die Leute ihn liebten. Jeden Abend, wenn der Straßenmusikant nach Hause kam, warf er für die arme Tiny Fleisch in den Brunnen. „Beeil dich und werde dick, Tiny", sagte er. „Vorher kommst du da nicht raus."

Tiny lief auf dem Grund des Brunnens im Kreis herum. Tag und Nacht sah sie in die Höhe und hoffte, dass man sie herausholen würde. Aber es kam niemand außer dem Straßenmusikanten, und der kam nur, um einmal am Tag Fleisch herunterzuwerfen.

Die drei Wochen vergingen sehr langsam für den Musikanten. Jeden Tag stand er am Bahnhof und spielte seine Musik für die Leute, die vorübereilten, ohne zuzuhören. Aber noch viel langsamer vergingen die drei Wochen für den kleinen Hund, der auf dem Grund des Brunnens lag und immer zum Himmel hinaufsah und auf die Hilfe wartete, die nicht kam.

Schließlich waren die drei Wochen um. Der Straßenmusikant wollte Tiny herausholen. Er ließ den Eimer in den Brunnen hinunter, aber der kleine Hund wusste nicht, was er damit anfangen sollte. Er ging um den Eimer herum, aber er ging nicht hinein. Damit hatte der Musikant nicht gerechnet. „Setz dich rein, du blöder Hund!", rief er. Doch Tiny war so weit unten, dass sie fast nichts hören konnte. Am Ende musste er sich eine Strickleiter machen lassen. Die kostete ihn eine Menge Geld, weil sie so lang war. Und es dauerte Tage, sie zu knüpfen. Tiny war noch eine Woche im Brunnen, bis die Leiter fertig war.

3

Dann geschah etwas, das mit einem Schlag alles veränderte. Der Straßenmusikant hatte im Lotto gewonnen. Ein Brief kam und darin stand, dass er mehr als eine Million Dollar gewonnen hatte. Er konnte sein

Glück nicht fassen. Es war wunderbar. Als Erstes schnappte er sich seine Trommeln, die Flaggen und die Gitarre und warf alles auf den Müll. Dann kaufte er sich ein neues Auto und eine Stereoanlage. Jeden Tag ging er los und kaufte sich, was er wollte. Schnell füllte sich das Haus mit allem möglichen Luxus.

All diese Zeit über war Tiny immer noch auf dem Grund des Brunnens, bellte, ging im Kreis und sah zur unerreichbaren Welt hoch. Der Straßenmusikant kam jeden Abend und warf Fleisch hinunter. Und jeden Abend nahm er sich vor, Tiny am nächsten Morgen herauszuholen. Aber wenn der Morgen dann kam, dachte er nicht mehr daran und beschäftigte sich mit anderen Dingen.

Die Wahrheit ist: Der Straßenmusikant war immer noch unglücklich. Er hatte nicht mehr Freunde als vorher. Wenn er Sachen kaufte, waren die Verkäufer freundlich zu ihm. Sie klopften ihm auf die Schulter und lobten seine Klugheit, wenn er dies oder jenes kaufte. Aber sobald sie ihm ihre Waren verkauft hatten, verloren sie das Interesse an ihm und wollten nicht länger mit ihm reden.

Endlich erkannte er, dass er nur einen Freund auf der Welt hatte. Tiny. Tiny war das einzige Wesen, das wirklich *ihn* mochte. Und er hatte sie in den Brunnen gesteckt! Er bereute, was er seiner kleinen Freundin angetan hatte, und hastete zum Brunnen, um sie zu befreien. Der Musikant kletterte in den Brunnen. Er fürchtete sich, weil es so tief hinunterging, aber es half nichts. Im Brunnen war ein fürchterlicher Gestank, der immer schlimmer wurde, je tiefer er kam. Unten angelangt steckte er Tiny unter seinen Pullover und kletterte die Strickleiter wieder hinauf. Während des ganzen Aufstiegs leckte Tiny dem Straßenmusikanten das Gesicht, obwohl dieser den armen kleinen Hund die ganze Zeit über im Brunnen eingesperrt hatte.

Oben setzte der Musikant Tiny auf die Erde. Was er sah, trieb ihm Tränen in die Augen. Tinys Kopf war zurückgebogen und ihre Augen starrten zum Himmel hinauf. Sie konnte ihren Nacken nicht mehr beugen. Er war so steif geworden, dass Tiny nur noch mit aufwärts gerichtetem Blick herumlaufen konnte. „Es tut mir Leid, es tut mir Leid!", schluchzte der Straßenmusikant. „Was habe ich getan? Verzeih mir, Tiny, verzeih mir." Tiny leckte dem Musikanten über das Gesicht.

Von dieser Zeit an ging Tiny immer mit zurückgebogenem Nacken und starrte zum Himmel. Kein Tierarzt und kein anderer Doktor konnte etwas daran ändern. Sie war zu lange im Brunnen gewesen und ihr Nacken blieb für den Rest ihres Lebens in dieser gekrümmten Stellung.

Der Straßenmusikant sorgte von da an gut für Tiny. Er gab ihr das beste Futter und nahm sie überall mit hin. Tiny strich dem Straßenmusikanten um die Füße, wedelte mit dem Schwanz – auch wenn ihr Nacken verbogen und ihr Kopf zum Himmel gerichtet war.

Der kleine Hund schenkte ihm seine ganze Zuneigung, obwohl der Straßenmusikant ihn böse gequält hatte. Aber dem war das noch nicht genug. Er wollte von den Menschen geliebt werden. „Was tauge ich denn", sagte er zu Tiny, „wenn mein einziger Freund ein Hund ist?" Immer jämmerlicher wurde ihm zu

Mute, bis er eines Tages plötzlich auf eine Idee kam. Eine großartige Idee. Jedenfalls dachte er das. Er gab eine Anzeige in der Zeitung auf, darin stand:

ICH VERSCHENKE
GELD
1 DOLLAR PRO PERSON
AN JEDEN, DER ZU MIR KOMMT

12 ROSE ST, MELTON
JEDEN TAG AB 9 UHR

„Tiny", sagte der Straßenmusikant, „jetzt werden sie mich mögen. Diesmal schenke ich ihnen Geld, nicht sie mir. Ich werde die Hälfte von allem, was ich habe, weggeben. Ich brauche keine Million. Die Hälfte tut's auch. Wer Geld braucht, kann jederzeit kommen und sich einen Dollar abholen."

Am nächsten Morgen baute der Straßenmusikant ein Zelt in seinem Vorgarten auf und stellte einen Tisch hinein, einen Stuhl und einen Eimer voll Dollar-Münzen. Vorn an das Zelt hängte er ein Schild, darauf stand:

GELD UMSONST
1 DOLLAR FÜR JEDEN

Um neun Uhr kamen zwei verlottert aussehende Jungen. „Wo gibt es hier Geld umsonst, Opa?", fragte der eine. Das war es nun nicht gerade, was der Straßenmusiker erwartet hatte. Er wollte eigentlich gar nicht, dass Kinder kamen. Schon gar keine unverschämten.

Aber er musste sein Wort halten, also nahm er eine Dollar-Münze aus dem Eimer unter dem Tisch und gab sie dem Jungen. Der sah die Münze ausgiebig an und sagte zu seinem Freund: „Die ist echt!" Dann drehte er sich um und rannte aus dem Zelt. Der andere Junge streckte die Hand aus, schnappte sich seine Münze und verschwand aus dem Zelt, bevor der Straßenmusikant es sich vielleicht anders überlegte.

Bald füllte sich das Zelt mit immer mehr Kindern. Die Nachricht hatte sich schnell verbreitet und alle Kinder der Umgebung kamen. „Stellt euch in einer Reihe an", rief der Straßenmusikant. „Und nicht drängeln." Die Kinder schubsten und stießen einander und einige versuchten sich vorzudrängeln.

Der Straßenmusikant ärgerte sich über die Grobheiten der Kinder. Die ersten drei grabschten sich einfach das Geld und rannten weg, aber das vierte Kind, ein Mädchen mit großen braunen Augen, sagte: „Mensch, danke! Danke vielmals." Sie drehte sich um und wollte gehen, doch der Straßenmusikant rief sie zurück.

„Hier", sagte er und gab ihr noch einen Dollar. „Du bist ein sehr höfliches kleines Mädchen. Die Einzige, die danke gesagt hat."

Das nächste Mädchen in der Reihe hatte den Wortwechsel gehört. Nachdem der Straßenmusikant ihr eine Dollar-Münze gegeben hatte, sagte sie: „Danke vielmals, Mister", und blieb stehen, ohne sich zu rühren.

„Worauf wartest du?", fragte der Straßenmusikant.

„Auf meinen zweiten Dollar", sagte das Mädchen. „Ich hab auch danke gesagt. Also muss ich auch zwei Dollar kriegen."

Der Musikant seufzte und gab ihr noch einen Dollar. Da entdeckten auf einmal alle Kinder ihre guten Manieren und sagten: „Danke."

Der Straßenmusikant musste nun allen zwei Dollar geben. Er lächelte vor sich hin. Zumindest waren sie dankbar.

Die Reihe wurde immer länger. Bald zog sie sich weit die Straße hinunter. Nachdem ungefähr fünfzig Kinder ihre zwei Dollar abgeholt hatten, erschien eine alte Frau am Anfang der Schlange.

Der Straßenmusikant gab ihr einen Dollar. Sie drehte die Münze in der Hand und sagte: „Vielen Dank, mein Lieber. Sie sind ein sehr freundlicher Mann. Wirklich sehr freundlich."

Der Straßenmusikant lächelte und gab ihr noch fünf Dollar. Es freute ihn, dass sie ihn so mochte.

Im Laufe des Vormittags reihten sich immer mehr Erwachsene in die Schlange ein. Wer besonders höflich war, bekam mehr Geld. Fünfzig Dollar schenkte der Musikant einer jungen Frau, die gesagt hatte: „Was für ein wunderbarer, großzügiger und gütiger Mann Sie doch sind."

Das ist doch ganz was anderes, dachte er bei sich. Die Leute mögen mich wirklich. Jetzt können sie sehen, dass ich wirklich ein guter Mensch bin. Er tätschelte Tiny den Kopf und nahm es ihr kein bisschen übel, wenn sich die Leute in der Schlange ihr zuwendeten. Jetzt, da er seine eigenen Bewunderer hatte, war er nicht mehr eifersüchtig auf Tiny.

Gegen Mittag war der Geldeimer leer. Der Straßenmusikant hängte ein neues Schild auf:

GESCHLOSSEN
BIN ZUR BANK,
HOLE MEHR GELD

Der Straßenmusikant holte zwei Eimer Münzen von der
Bank. „Am besten geben Sie mir auch ein paar Scheine",
sagte er zum Kassierer. Als er nach Hause kam, sah er,
dass die Schlange inzwischen über eine Meile lang war.
Sie reichte die ganze Straße hinunter und um den Block
herum. Während er an den Leuten vorbeiging, winkten
sie ihm zu und Applaus kam auf. „Guter alter Straßenmusikant!", riefen einige.

4

Guter alter Straßenmusikant. Das hatte vorher noch
keiner zu ihm gesagt. Er kam sich großartig vor. Wieder im Zelt, machte er mit der Geldverteilung weiter.
Die meisten bekamen zwei Dollar, aber die, die etwas
besonders Nettes sagten, bekamen mehr. Ein alter
Mann kam, kniete sich dem Musikanten zu Füßen und
küsste ihm die Schuhe. „Oh, du wahrhaft Großer",
sagte er. „Ich danke dir für dein Erbarmen und deine
Großherzigkeit."

Der Straßenmusikant war bewegt. „Das ist nun
aber nicht nötig", sagte er. Dann gab er dem alten
Mann zweihundert Dollar. Die Nachricht verbreitete
sich alsbald in der Schlange: Je mehr Gutes man über
den Straßenmusikanten sagte, umso mehr bekam man.
Viele Leute scherten aus der Schlange aus, weil sie sich

dazu nicht hergeben mochten. Aber noch mehr nahmen dafür ihre Plätze ein. Schon bald bekam jeder mindestens zwanzig Dollar.

Um fünf Uhr stellte der Musikant ein Schild auf, darauf stand, dass er für heute schließen und am Morgen weitermachen würde. Er ging ins Haus und setzte sich. Er war sehr müde und bald schlief er auf dem Stuhl ein. Gegen Mitternacht wachte er von einem Geräusch auf der Straße auf. Als er zum Fenster ging und hinaussah, erschrak er. Immer noch standen die Leute an. Sie belagerten den Bürgersteig und hatten Schlafsäcke und Decken mitgebracht. Manche hatten sogar kleine Zelte aufgebaut. Ein Mann in einem Lieferwagen verkaufte Pasteten, heiße Würstchen und Eis. Niemand wollte seinen Platz in der Schlange einbüßen, alle blieben die Nacht über. Es war, als ob die Menge darauf wartete, Eintrittskarten zu kaufen, um einen Popstar zu bewundern. Der Straßenmusikant grinste. Er fühlte sich wie ein Filmstar. All diese Menschen waren wegen ihm hier.

Am Morgen kam ein Fernsehteam. Sie machten ein Interview mit dem Straßenmusikanten und er trat in den Abendnachrichten auf. Von überall her kamen Leute, um das Spektakel zu sehen. Die Polizei traf ein, regelte den Verkehr und beaufsichtigte die Menschenmassen. Die Schlange wurde länger und länger. Der Straßenmusikant gab immer größere Geldbeträge aus. Er musste. Die Leute erwarteten es so, wenn sie ihre Artigkeiten sagten. Sie gaben sich viel Mühe. Einige hielten Schilder mit seinem Namen hoch. Andere hatten Zeichnungen von ihm angefertigt. Eine Gruppe hatte eine Band gegründet und sang ein Lied von der Größe und der Güte des Musikanten. Zwei Studenten hatten ein Gedicht gemacht. Er schenkte jedem der beiden zweihundert Dollar.

Am dritten Tag war die Schlange vier Meilen lang. Am fünften Tag sechs Meilen. Die Leute mussten drei Tage warten, bis sie vorn waren, und der Straßenmusikant hatte mehr als eine halbe Million Dollar ausgegeben. Das Geld wurde jeden Morgen in einem Panzerwagen von der Bank gebracht. Tiny rannte vor der Menschenschlange auf und ab, den Kopf hoch gereckt, und leckte allen die Hände.

Am Ende der Woche brachte der Panzerwagen eine große Kiste Geld. „Ich brauche hunderttausend Dollar, um über das Wochenende zu kommen", sagte der Straßenmusikant.

„Das tut mir Leid", sagte der Bankdirektor, „aber es sind nur noch neunzigtausend Dollar da. Wenn ich an Ihrer Stelle wäre, würde ich jetzt aufhören und noch ein bisschen für mich behalten." Das war ein guter Rat, aber der Musikant konnte ihn nicht befolgen. Die Menge erwartete Geld. Einige hatten drei Tage und drei Nächte lang gewartet. Er versuchte die Beträge zu kürzen und jedem weniger zu geben, aber das konnte er nun nicht mehr machen. Sie wussten jetzt alle, was jedes Kompliment wert war. Zweihundert Dollar für ein gutes Lied über den Straßenmusikanten, fünfzig Dollar für ein Bild von ihm. Er versuchte weniger zu geben, aber sie beklagten sich und schrien, das sei ungerecht. Sie sagten, sie würden betrogen werden.

Der Straßenmusikant war angewidert davon. Er begriff, dass sie ihn nicht wirklich mochten. Er konnte es nun nicht mehr hören, wenn die Leute sagten, wie gut er doch sei. Aber er musste weitermachen. Und schließlich kam der schreckliche Augenblick. Er hatte kein Geld mehr. Nicht einen Cent. Er schrieb ein Schild:

KEIN GELD MEHR DA

Er hängte das Schild an die Zeltöffnung und rannte mit Tiny ins Haus. Wie ein Lauffeuer verbreitete sich die Nachricht. „Es ist kein Geld mehr da!", schrien sie. Die Reihe löste sich auf und die Horde stürmte auf das Haus zu. Der Straßenmusikant war vor Angst wie von Sinnen. Jemand warf einen Stein durch das Fenster, Glas fiel klirrend zu Boden.

„Betrug!", hörte er jemanden schreien.

„Gangster."

„Ich habe zwei Nächte in der Kälte gewartet!"

„Packt ihn. Erteilt ihm eine Lektion!"

Noch ein Stein krachte durch das Fenster. Es wurde gegen die Tür geschlagen, dass sie bebte. Der Straßenmusikant ahnte, dass sie jeden Moment nachgeben würde. Er rannte zur Hintertür hinaus, gefolgt von Tiny. Der Hof war leer, und nirgendwo konnte man sich verstecken. Aus dem Haus hörte er den Mob lärmen und alles kurz und klein schlagen. Er musste sich beeilen. Da fiel sein Blick auf den Brunnen mit der Strickleiter, die immer noch darin hing. Er rannte los und kletterte hinein. Tiny ließ er oben. Gerade noch rechtzeitig verschwand er. Schreiend und johlend stürmte die wütende Menge in den Hinterhof.

Als die Leute sahen, dass er geflohen war, waren sie wie von Sinnen. Sie stahlen alle neuen Sachen des Straßenmusikanten und zertrümmerten das ganze Haus. Alles, was ihnen in die Hände fiel, zerschlugen sie. Eine Gruppe zerstörte sogar den rückwärtigen Zaun und den oberen Teil des Brunnens. Jemand band die Strickleiter los und ließ sie fallen. Sie hatten keine Ahnung, dass sich tief auf dem Grund des Brunnens der entsetzte Straßenmusikant versteckt hielt.

Nach einiger Zeit brachte die Polizei den Mob schließlich unter Kontrolle und schickte die Leute weg. Aber es war zu spät, das Haus zu retten. Als die Dunkelheit kam, lag es vollständig in Trümmern. Der Straßenmusikant sah hinauf und ahnte den Schimmer des Mondes. Er dachte, er könne es nun wagen, um Hilfe zu rufen. So laut er konnte, schrie er, aber es kam keine Antwort. Niemand konnte ihn hören, weil der Brunnen zu tief war. Niemand wusste, dass er dort unten war. Nur Tiny.

5

Die Tage vergingen und keine Hilfe kam. Am Grund des Brunnens war es kalt und dunkel und es stank. Der Straßenmusikant wäre elend verhungert – wäre Tiny nicht gewesen. Der kleine Hund flitzte hierhin und dorthin und suchte nach Essbarem. Das war sehr mühsam, denn mit ihrem verkrümmten Nacken fiel es ihr schwer, etwas ins Maul zu nehmen. Sie musste sich auf die Seite legen, ein Stück Futter mit ihren Zähnen packen und wieder aufstehen. Danach trabte sie mit einem alten Knochen oder einem vertrockneten Brotstück zum Brunnen und ließ es hinunterfallen.

Die Tage wurden zu Wochen und es kam keine Hilfe. Der Straßenmusikant blieb am Leben, weil er alles aß, was Tiny in den Brunnen warf. Manchmal war es ein Stück verdorbenes Fleisch aus einer Mülltonne, manchmal ein knorpeliger alter Knochen, den ein anderer Hund verschmäht hatte. Einmal ließ Tiny eine tote Katze hinunterfallen. Was immer es war, der Straßenmusikant musste es essen oder verhungern.

Alles, was Tiny auftreiben konnte, brachte sie dem Musikanten. Selbst fraß sie so gut wie nichts. Nach einem Monat bestand sie nur noch aus Haut und Knochen, und sie war so schwach, dass sie sich kaum noch zum Brunnen schleppen konnte.

Der Straßenmusikant rief und schrie jeden Tag, aber niemand kam. Er brüllte zur Sonne hinauf, zu den Wolken und zum Mond, die so weit über ihm waren. Aber es kam keine Antwort. Dann geschah eines Tages etwas Fürchterliches. Es wurde nichts in den Brunnen hinuntergeworfen. Kein Knochen, kein Fleischrest, nichts. Am nächsten Tag dasselbe. Und am Tag darauf wieder. Der Straßenmusikant leckte das Wasser von den feuchten Brunnenwänden, aber er hatte nichts zu essen. Er wusste, dass seine Zeit gekommen war. Viel länger konnte er es nicht aushalten. Er wurde immer schwächer. Und er sorgte sich, was mit Tiny passiert war.

Nach der fünften Woche im Brunnen raffte sich der Straßenmusikant noch einmal zu einem lauten Hilferuf auf. Er hatte fast keine Stimme mehr. „Hilfe!“, krächzte er. „Hilfe!“

Er starrte zu dem kleinen Lichtpunkt über sich. War da nicht ein Kopf? Eine Stimme? Er lauschte angestrengt.

„Warte!“, hörte er schwach. „Wir holen dich raus.“ Er war gerettet.

Wenig später wurde ein Stahlkabel in den Brunnen heruntergelassen. An seinem Ende war ein kleiner Sitz angebracht. Der Straßenmusikant setzte sich darauf und schrie: „Zieht mich hoch! Zieht mich hoch!“

Oben angekommen, musste er blinzeln. Das helle Licht tat seinen Augen weh, aber er konnte vier oder fünf Männer erkennen, die mit einem Abschleppauto samt Winde daran gekommen waren. Sie starrten den verwilderten, stinkenden, dreckigen Mann an, der da aus dem Brunnen zum Vorschein gekommen war. „Am besten, wir bringen Sie in ein Krankenhaus“, sagte einer der Männer. „Sie sehen nicht besonders gut aus.“

„Sie haben Glück gehabt, dass Sie noch leben“, sagte ein anderer. „Wär nicht der arme kleine Hund gewesen, ich hätte Sie nie gehört. Ich wollte nur mal nachsehen, ob er noch lebt, da habe ich Sie rufen hören.“

Der Straßenmusikant lief stolpernd zu der Stelle, an der die kleine Hündin auf der Erde lag. Sie war tot. Sie war verhungert, weil sie jeden Futterbrocken, den sie hatte finden können, dem Musikanten in den Brunnen geworfen hatte. Tränen rannen ihm in seinen verfilzten Bart. Er hob Tiny auf und nahm sie in die Arme. „Ihr könnt mich allein lassen“, sagte er zu den Männern. „Ich komme zurecht.“

Im Hinterhof machte er ein kleines Grab und begrub Tiny. Auf ein Stück Holz schrieb er:

MEIN FREUND TINY
RUHE IN FRIEDEN

Dann ging der Straßenmusikant weg. Man hat ihn nie wieder gesehen.

6

„Und das ist das Ende der Geschichte", sagte der alte Mann.

Ich hatte ganz vergessen, wo ich war. Es war mitten in der Nacht und ich saß auf einer Düne am Strand. Die Geschichte hatte mich total mitgenommen und ich war ganz weg. Ich sah zu dem alten Mann hin, konnte aber sein Gesicht immer noch nicht erkennen. Ich wollte ihn fragen. Ich wollte wissen, ob sich die Geschichte wirklich so zugetragen hatte. Ich wollte wissen, was aus dem Straßenmusikanten geworden war. Aber ich kam nicht dazu.

„Geh jetzt, Junge", sagte der alte Mann. „Das ist das Ende der Geschichte. Geh jetzt und lass mich allein. Ich bin müde."

Ich wollte nicht gehen, aber seine Stimme hörte sich so gebieterisch an. Also stand ich auf und machte mich langsam über den Kamm der Düne davon. Kaum hatte ich mich ein paar Schritte entfernt, kam der Mond heraus. Ich drehte mich um und sah zu dem Baum zu-

rück, wo der alte Mann die Geschichte erzählt hatte.
Jetzt konnte ich ihn deutlich sehen. Er hatte einen
weißen Bart, er stand im Mondlicht und sah in den
Baum hinauf. Dann ging er weg und jetzt blickte er zu
den Sternen und zum Mond hinauf. Mit Schrecken erkannte ich, dass sein Nacken verkrümmt war. Er
konnte ihn nicht bewegen. Für den Rest seiner Tage
war er dazu verurteilt, nach oben zu sehen, so wie er
vor vielen Jahren im Brunnen nach oben gesehen hatte.

Die Geschichte war wirklich passiert. Und der alte
Mann war der Straßenmusikant. Ich blickte ihm nach,
wie er davonschlurfte. Dann ging der Mond unter und
von dem alten Mann war nichts mehr zu sehen.

So schnell ich konnte, rannte ich nach Hause und
sprang ins Bett. Aber ich konnte nicht schlafen. Lange
grübelte ich über die traurige, seltsame Geschichte von
Tiny und dem Straßenmusikanten nach, der sich mit
Geld die Liebe der Menschen hatte erkaufen wollen.

Am nächsten Morgen begegnete ich Dad auf der
Treppe. Er drückte mir zehn Dollar in die Hand. „Hier,
Tony", sagte er. „Wenn Tania nur mit dir ausgehen will,
wenn du sie im Taxi abholst, dann brauchst du das
Geld wohl."

„Danke, Dad", sagte ich.

Ich stopfte die zehn Dollar in meine Tasche. Dann
ging ich zu Tania und sagte ihr, dass sie mir den Buckel
runterrutschen konnte.

Supperman

1

„Sieh dir dieses Zeugnis an", sagte Dad. „Es ist eine Schande! Viermal ein D und zweimal ein E! Das schlechteste Zeugnis, das ich je gesehen habe!"

Sein Gesicht lief rot an. Ich ahnte, dass es nicht gut um mich stand. Ich musste etwas unternehmen. Und zwar schnell.

„Ich hab mein Bestes gegeben", sagte ich kläglich.

„Unsinn!", schrie er. „Sieh dir an, was hier steht. Sieh dir das an!"

Robert könnte viel besser sein. Er hat in diesem Halbjahr nicht genug gearbeitet. Seine Zeit in der Schule vergeudet er damit, unter dem Tisch Superman-Comics zu lesen.

„Da hast du's!", tobte er. „Das kommt am Ende raus bei diesem ganzen Superman-Blödsinn! Du nimmst jetzt sämtliche Superman-Comics, sämtliche Poster und was du sonst noch an Superman-Schund hast und trägst es runter in den Müllcontainer!"

„Aber Dad", japste ich.

„Kein Aber! Ich sage *jetzt* und ich meine *jetzt!*" Seine Stimme wurde immer lauter. Ich wollte lieber tun, was er sagte, bevor er noch ganz ausflippte. Langsam ging ich in mein Zimmer und sammelte alle meine sechzig Superman-Comics ein. Dann trottete ich zur Wohnungstür und auf den Gang hinaus. Wir wohnten im ersten Stock eines Hochhauses und ich nahm den Fahrstuhl hinunter zum städtischen Müllcontainer. Es war einer von diesen großen Stahlcontainern, die nur von einem speziellen Müllauto hochgehoben werden können. Wenn ich mich auf Zehenspitzen stellte, konnte ich den Rand des Containers gerade so erreichen. Ich schubste die Comics über die Kante und dann erwischte ich gerade noch den Lift zurück zum ersten Stock.

Da begegnete ich zum ersten Mal Superman.

Er machte einen Höllenlärm in Wohnung 132 b. Hörte sich an, als ob da jemand am Fenster rüttelte. Das kann sehr gefährlich sein, wenn man im oberen Stockwerk wohnt. Zuerst dachte ich, es ist vielleicht ein kleines Kind, das aus der Wohnung will, während seine Mutter beim Einkaufen ist. Ich beschloss, ein gutes Werk zu tun, hinzugehen und es zu retten. Ich stieß die Tür auf – sie war nicht verschlossen – und fand mich auf einmal im seltsamsten Raum wieder, den ich je gesehen hatte.

Die Wände der Wohnung waren vollständig mit Suppendosen zugestellt. Tausende und abertausende von Dosen standen aufgereiht in Bücherregalen, die bis an die Decke reichten. Ein bisschen sah es aus wie in einem Supermarkt.

Dann entdeckte ich etwas noch Seltsameres. Ich sah zum Fenster hin und da versuchte gerade jemand von außen hereinzukommen. Ich traute meinen Augen

nicht. Er war es. Er war es wirklich. Mein Held – Superman. Er persönlich.

Er klammerte sich an die Außenkante des Fenster-
bretts und versuchte das Fenster zu öffnen. Er
schnaufte und pustete und bekam es offenbar nicht
auf. Alle paar Sekunden sah er nach unten, als fürchte
er abzustürzen. Ich rannte zum Fenster und löste den
Riegel. Dann schob ich das Fenster hoch und Superman sprang herein.

2

Er sah genau so aus wie in den Comics. Er trug eine
rote Kappe und ein blau-rotes Kostüm mit einem großen „S" auf der Brust, hatte schwarze, lockige Haare
und ein sympathisches Gesicht. Sein Körper war von
Muskeln gewölbt.

„Danke", sagte er. „Du bist gerade rechtzeitig gekommen. Viel länger hätte ich mich nicht halten können."

Mir blieb der Mund offen stehen. „Aber was ist mit
deiner Kraft?", fragte ich ihn. „Warum hast du das
Fenster nicht einfach eingeschlagen?"

Er lächelte mich an. Dann legte er einen Finger auf
den Mund, ging hin und schloss die Tür, die ich offen
gelassen hatte. „Meine Kraft reicht immer nur für eine
halbe Stunde", sagte er. „Ich musste bis Tasmanien, eine
Frau retten, die sich im Schnee verirrt hatte. Bis zum
Fenster hab ich's gerade noch geschafft, dann war
meine Kraft zu Ende. Deshalb habe ich das Fenster
nicht aufmachen können."

„Eine halbe Stunde?", sagte ich. „Die Kraft von Superman hält doch nicht nur eine halbe Stunde. Die hält ewig."

„Du hast zu viele Comics gelesen", antwortete er. „Es heißt *Supperman*, nicht *Superman*. Von jeder Dose Suppe hier erhalte ich genau eine halbe Stunde Kraft."

Langsam wurde ich nervös. Der Kerl war ein Spinner. Er steckte zwar in Supermans Kostüm, aber er hatte die Geschichte ganz falsch auf Lager. Er dachte, Superman holt sich seine Kraft aus Dosensuppen. Ich ging zur Tür. Hier hatte ich nichts mehr verloren.

„Komm zurück und ich zeige es dir", sagte er. Er ging zum Kühlschrank und versuchte ihn hochzuheben. Er schaffte es nicht. Schweißtropfen standen ihm auf der Stirn, so strengte er sich an, aber der Kühlschrank rührte sich nicht. Dann nahm er sich eine Suppendose und versuchte, sie aufzudrücken. Nichts geschah. Er konnte sie nicht aufkriegen.

„Siehst du", sagte er. „Ich bin schwach wie ein Kätzchen. Das beweist, dass ich überhaupt keine Kraft habe."

„Aber es beweist nicht, dass du Superman bist", sagte ich.

Er ging zu einer Schublade und angelte sich einen hellblauen Dosenöffner. Dann nahm er ein Buch heraus und blätterte es durch. „Hier", rief er. „Heben von Kühlschränken: Erbsensuppe mit Speckeinlage."

Aus dem Regal holte er sich eine Dose Erbsensuppe mit Speck und machte sie mit dem hellblauen Dosenöffner auf. Dann trank er das Zeug. Ungekocht. Gleich aus der Dose.

„Iiih", rief ich. „Trink das doch nicht roh!"

„Muss ich", sagte er. „Ich habe keine Zeit, es warm zu machen. Stell dir vor, ich kriege einen Hilferuf und soll jemanden retten, der sich von einem Haus stürzen will. Er läge zerschmettert am Boden, bevor die Suppe warm ist."

Jetzt ging er zum Kühlschrank und hob ihn mit einer Hand hoch. Tatsächlich. Mit einer Hand hob er den Kühlschrank hoch über seinen Kopf. Unglaublich. Die Suppe schien ihm übermenschliche Kräfte zu verleihen.

„Fantastisch!", rief ich. „Niemand außer Superman kann einen Kühlschrank heben. Sag bloß, du kriegst deine Kraft wirklich aus Dosensuppen?"

Er antwortete nicht. Stattdessen ließ er einen lauten Rülpser los. Dann hielt er sich die Hand über den Mund und wurde rot. „Entschuldigung", sagte er. „Ich habe Bauchschmerzen. Habe ich immer, wenn ich die Suppe zu schnell trinke. Ich geh mal eben ins Bad und nehm ein Alka Seltzer gegen Magenverstimmung."

Magenverstimmung? Superman kriegt doch keine Magenverstimmung! Superman ist wie die englische Königin oder wie eine Prinzessin. Superman hat doch keine Probleme von dieser Art und ganz sicher rülpst er auch nicht. Da stimmte was nicht. Jetzt war ich überzeugt, dass er ein Schwindler war. Ich wollte ihn entlarven und beschloss, die Suppe selbst auszuprobieren, während er im Bad war.

Ich sah in das Buch und überflog das Verzeichnis der Suppen. Für jede Notlage war eine andere Suppe vorgeschrieben. Zum Brechen von Dämmen Rindfleischbrühe. Zum Anhalten von Zügen Tomatencremesuppe. Selleriesuppe zur Rettung von Menschen bei Hochwasser.

Ich entschied mich für die Hühnerbrühe. Sie war für das Einschlagen verschlossener Türen. Ich schnappte mir den hellblauen Dosenöffner und machte damit eine Dose Hühnerbrühe auf, die ich auf dem obersten Regal fand. Das ganze Zeug trank ich auf einen Rutsch. Kalt und glibberig. Es schmeckte fürchterlich, aber ich würgte es in mich hinein. Dann ging ich zur Tür und schlug mit der Faust dagegen.

Der Tür passierte nichts, aber an meinen armen Fingerknochen riss die Haut auf. Es tat furchtbar weh. Wasser lief mir aus den Augen. „Du Betrüger!", brüllte ich durch die Badtür. „Du gemeiner Betrüger!" Dann stürmte ich so schnell ich konnte aus der Wohnung. Ich war echt wütend auf diesen Fälscher von Superman. Er war eine riesige Enttäuschung. Ich wünschte, ich könnte dem richtigen Superman begegnen. Dem aus den Comics.

3

Meine Comics! Ich brauchte sie dringend. Über den echten Superman wollte ich lesen, der nicht kalte Dosensuppen schlürfte und Magenverstimmung kriegte. Ob das Müllauto die Comics schon abgeholt hatte? Vielleicht war noch Zeit sie zu retten. Drei Jahre lang hatte ich gesammelt, um sie zusammenzukriegen. Egal, was Dad sagte, ich musste die Comics behalten. Ich lief, was ich laufen konnte, hinunter zum Müllcontainer.

Hineinsehen konnte ich nicht, weil er zu hoch war, aber am Geruch erkannte ich, dass er noch nicht geleert worden war. Ich sprang hoch, klammerte mich an die Kante und zog mich über den Rand. Was für ein Gestank! Es war ekelhaft. Im Container waren zerbrochene Eierschalen, alte Knochen, hunderte von leeren Suppendosen, eine tote Katze und anderes stinkiges Zeug. Meine Comics konnte ich nirgends sehen, deshalb fing ich an rings um mich herumzubuddeln. Ich war so vertieft in meine Suche nach den Comics, dass ich das Müllauto nicht kommen hörte – bis es zu spät war.

Mit einem plötzlichen Ruck wurde der Container hoch in die Luft gehoben und umgekippt. Ich flog mit all dem ekligen Abfall in den hinteren Teil des Müllautos und wurde unter Plastiktüten, Flaschen und Essensresten begraben. Ich konnte nichts sehen und kaum Luft holen. Wenn ich nicht an die Oberfläche kam, würde ich ersticken.

Es schien Stunden zu dauern, bevor es mir gelang, mich ans Tageslicht zu arbeiten. Mit Erleichterung sah ich die hoch ragenden Wohnblocks und die Wolken, die über den Himmel zogen. Dann geschah etwas, das mir das Herz stillstehen ließ. Der Abfallberg geriet in Bewegung. Der Fahrer hatte die Müllpresse in Gang gesetzt, und aller Müll wurde in den anderen Teil des Wagens geschoben und zusammengepresst. Eine große Stahlschaufel kam auf mich zu. Jeden Moment würde ich in einen Abfallhaufen gedrückt werden. Was für eine seltsame Art zu sterben.

„Hilfe!", brüllte ich. „Hilfe!" Es war zwecklos. Der

Fahrer konnte mich nicht sehen. Niemand konnte mich sehen. Niemand außer Supperman. Er saß auf dem Fensterbrett seiner Wohnung und schlug eine Suppendose gegen die Mauer. Er wollte sie öffnen.

Die große Stahlschaufel kam näher und näher. Meine Rippen taten mir weh. Wie eine Flutwelle türmten sich riesige Müllmassen um mich her, drückten mich nieder und quetschten mich gleichzeitig zusammen. Jetzt konnte ich gerade so eben über die Kante des Müllautos blicken. Niemand da. Ich sah wieder zu Supperman hin. „Vergiss deine blöde Suppe!", schrie ich. „Hol mich hier raus oder ich werde zermatscht!"

Supperman sah aus dem Fenster im ersten Stock zu mir herunter und schüttelte den Kopf. Er sah ängstlich aus. Dann – ohne Vorwarnung – und immer noch mit der ungeöffneten Suppendose in seiner Hand, sprang er aus dem Fenster.

Flog er durch die Luft wie ein Vogel? Nein. Wie ein schwerer Backstein aus Haut und Knochen fiel er zu Boden, schlug mit einem dumpfen Geräusch auf dem Bürgersteig auf, nicht weit vom Müllauto entfernt. Da lag er wie ein Häufchen Unglück.

Ich wollte schreien, aber ich konnte nicht. Die Müllpresse hatte mir alle Luft aus den Lungen gedrückt. Immer fester quetschte sie mich zusammen. Ich wusste, ich hatte nur noch Sekunden zu leben.

Ich sah zu Supperman hinüber. Er hatte den Sturz überstanden. Er ächzte und versuchte immer noch, die Suppendose zu öffnen. Irgendwo tief in meinen Lungen fand ich noch einen letzten Atemzug. „Lass die Suppe", japste ich, „schalt den Motor ab!"

Er nickte, dann kroch er langsam und von Schmerzen geplagt auf das Müllauto zu. Sein Gesicht blutete, er hatte ein blaues Auge – aber er schleppte sich weiter. Leise stöhnend zog er sich an der Autotür hoch. „Stellen Sie den Motor ab", hörte ich ihn zum Fahrer sagen. Dann wurde alles um mich her schwarz und ich hörte nichts mehr.

Meine nächste Erinnerung ist, dass ich auf dem Bürgersteig lag und Supperman und der Fahrer sich über mich beugten.

„Keine Angst", sagte Supperman mit einem Grinsen. „Du kommst wieder in Ordnung."

„Danke, dass du mich gerettet hast", antwortete ich. „Aber ein Schwindler bist du trotzdem. Der richtige Superman kann fliegen."

„Ich kann fliegen", sagte er, „aber ich hab die Suppendose nicht aufgekriegt. Als du aus meiner Wohnung gerannt bist, hast du etwas mitgenommen, das mir gehört. Sieh mal in deiner Hosentasche nach."

Ich tastete in meiner Tasche herum und zog einen harten Gegenstand heraus. Es war der hellblaue Dosenöffner.

Der Eukalyptuskrieg

1

Der Nationalpark-Ranger sah aus dem Zugfenster. „Ein heißer Sommer", sagte er. „Bestimmt kriegen wir dieses Jahr Buschbrände."

Niemand im Abteil antwortete. Sie waren alle viel zu sehr damit beschäftigt, meine Nase anzuglotzen. Nein, sie sahen mir nicht geradewegs ins Gesicht. Sie verdrehten ihre Pupillen und versuchten aus ihren Augenwinkeln einen Blick auf mich zu werfen. Ich schenkte ihnen keine Beachtung. Wenn sie Glotzaugen kriegen wollten, dann war das eben ihre Sache, und ich konnte auch nichts daran ändern. Ich war es gewöhnt, dass Leute mich anstarrten, aber es machte mich immer noch verlegen. Schließlich konnte ich nichts dafür. Ich hatte sie mir nicht gewünscht, die längste Nase der Welt. Es war ein Unfall gewesen und zwar ohne meine Schuld.

Übrigens war meine Nase damals erst seit drei Monaten in diesem Zustand. Aber drei Monate sind endlos, wenn einem die Nase auf eine Länge von sieben Zentimeter gestreckt worden ist. Jeder Tag bringt nichts als Demütigungen und Qualen, weil einen die Leute anstarren und sich eins grinsen.

Es geschah eines Nachts, als ich in die Küche hinunterging und mir noch eine Kleinigkeit aus der Speisekammer holen wollte. Dad und Mum schliefen schon, also schlich ich so leise wie möglich die Treppe hinunter.

Die Speisekammer hatte zwei Schwingtüren, die in der Mitte zusammenklappten. Ich öffnete sie einen Spalt, steckte meine Nase hinein und warf einen prüfenden Blick auf die Leckereien. Plötzlich schubste mich jemand von hinten, ich fiel gegen die Tür und die Tür schnappte zu. Das Problem war nur – meine Nase steckte dazwischen. Der Schmerz war fürchterlich und überall spritzte Blut. Mein Schreien weckte das ganze Haus auf und Dad und Mum kamen in die Küche gerannt. Dad steckte mich ins Auto und raste mit mir zum Krankenhaus. Mum blieb zu Hause und schimpfte meinen kleinen Bruder, weil er mich von hinten geschubst und so die ganze Aufregung verursacht hatte.

Meine Nase war gewaltig verunstaltet. Von ihren normalen drei Zentimetern war sie auf sieben gestreckt und ragte aus meinem Gesicht wie die Kühlerhaube eines Autos vor der Windschutzscheibe. Ich konnte meine eigene Nase deutlich sehen, ohne einen Spiegel zu benutzen und ohne zu schielen. Zu allem Übel sagten die Ärzte, dass in den nächsten drei Jahren, solange ich noch im Wachsen sei, nichts dagegen getan werden könne. Sie waren nicht bereit, vorher zu operieren. Drei lange Jahre musste ich also mit meiner ganz persönlichen Fahnenstange umherlaufen. Allein von dem Gedanken wurde mir schlecht.

In der Schule hielt ich es nur einen Tag aus. Die

meisten Mitschüler gaben sich redlich Mühe. Sie versuchten, mich nicht anzustarren, und schielten nur nach meiner Nase, wenn sie glaubten, ich würde es nicht sehen. Aber die Leute mussten einen ja ansehen, wenn man mit ihnen sprach, und ich merkte natürlich, dass einige mächtig an sich halten mussten, um nicht in Gelächter auszubrechen. Und dann gab es auch solche, die ausgesprochen gemein waren. Ein Mädchen machte eine superwitzige Bemerkung über den einzigen Jungen der Welt, der zum Schnäuzen ein Bettlaken braucht.

Zu Hause angekommen, ließ ich es Mum gleich wissen. „Ich gehe nicht mehr zur Schule", sagte ich. „Auf keinen Fall. Die nächsten drei Jahre höre ich mit der Schule auf. Ich mach mich doch nicht zur Witzfigur der Terang High."

Mum und Dad versuchten alles, damit ich wieder zur Schule ginge. Sie lockten mit Bestechungsgeldern, aber ich nahm nichts. Dad hob mich ins Auto und lud mich am Schultor ab, aber ich ging einfach wieder nach Hause. Sie schleppten einen Psychologen an, ein netter Kerl, der sich stundenlang mit mir unterhielt. Aber alles ohne Erfolg. Am Ende entschieden sie, mich in die Ferien zu Großvater McFuddy zu schicken, der ganz allein in einer Hütte hoch in den Bergen lebte. Sie dachten, ein Aufenthalt auf dem Lande würde mich vielleicht wieder zur Besinnung bringen.

So saß ich also im Zug auf dem Weg zu Großvater McFuddy und sämtliche Leute im Abteil starrten mich insgeheim an. Außer dem Ranger war ein Geistlicher dabei mit einem weißen Kragen um den Hals, eine Frau von ungefähr fünfunddreißig und ein Mädchen in meinem Alter. Das Mädchen biss sich auf die Zunge, um das Lachen zu unterdrücken. Der einzige Mitreisende, der tatsächlich kein Interesse an meiner Nase hatte, war der Nationalpark-Ranger. Er murmelte nur immer wieder vor sich hin, wie trocken es war und was für böse Buschbrände es in diesem Jahr geben würde.

2

Großvater McFuddy wartete am Bahnhof mit Pferd und Wagen. Mit Pferd und Wagen! Das war gleich am Anfang eine Überraschung für mich. Ich hatte nicht gedacht, dass jemand noch mit Pferd und Wagen fahren würde. Aber das war noch nichts im Vergleich zu dem, was noch kommen sollte. Großvater McFuddy erwies sich als der seltsamste alte Knabe, dem ich je begegnet war. Er steckte in einer schmuddeligen Hose, die von ausgeleierten Trägern gehalten wurde. Außerdem trug er ein blaues Unterhemd und tief in sein stoppelhaariges Gesicht gezogen einen verbeulten, alten Hut. Seine falschen Zähne waren nur noch Splitter und von braunem Tabak fleckig. Er räusperte sich und spuckte auf die Erde. „Steig auf, Junge", sagte er. „Wir müssen zurück sein, bevor es dunkel wird."

Keine Ahnung, wie Großvater McFuddy mich erkannt hatte, obwohl ich ihm vorher noch nie begegnet war. Vermutlich nach der Beschreibung meiner Nase aus Mums Briefen. Wir ratterten über die staubige Landstraße, die sich durch einen einsamen Eukalyptuswald schlängelte. „Vielen Dank, dass ich bei dir Ferien machen kann, Großvater", sagte ich.

Großvater knurrte: „Nenn mich McFuddy." Sehr gesprächig war er nicht. Ich erzählte ihm alles über meine Nase und was in der Schule passiert war, aber er sagte kein Wort dazu. Von Zeit zu Zeit hustete er und spuckte auf die Erde. Er war ein fantastischer Weitspucker. Schaffte mindestens vier Meter. Ein paar Mal hielt er das Pferd an und drehte sich eine Zigarette.

Nach einer Weile wichen die Bäume Koppeln, und die Straße führte allmählich bergauf. Auf dem ganzen Weg kamen wir nur an einem einzigen Haus vorbei – wenn man es ein Haus nennen konnte. Es war eher eine zerfallene alte Hütte mit einem rostigen Eisendach und einer baufälligen Veranda. Bevor wir die Hütte erreicht hatten, hielt McFuddy den Wagen an. „Halt dir die Ohren zu, Junge", sagte er zu mir.

„Was?", fragte ich.

„Deine Ohren. Halt dir die Hände über die Ohren, wenn wir an Foxys Haus vorbeifahren", schrie er.

„Warum?", wollte ich wissen.

„Weil ich es sage", rief McFuddy. Er fuhr mit der Hand in die Tasche und zog einen schmutzigen Wattebausch heraus, riss ihn in zwei Stücke und stopfte sie in seine Ohren. Dann fuhren wir langsam an der alten Hütte vorbei, ich mit den Händen über den Ohren und McFuddy mit Watte in seinen. Das Pferd konnte als Einziges hören. Auf die Veranda der Hütte kam jetzt ein alter Mann gerannt und drohte uns mit der Faust. Auf irgendetwas war er wütend, aber ich wusste nicht auf was. Komisch, auch dieser alte Mann hatte Watte in den Ohren. Eins steht fest, sagte ich mir, das werden ziemlich sonderbare Ferien werden.

McFuddy stellte sich im Wagen auf und schwenkte seinerseits die Faust gegen den Alten. Dann setzte er sich, fuhr weiter, murrte und schimpfte vor sich hin.

Ich drehte mich nach der Hütte um, weil ich sehen wollte, was der zornige Alte machte. Aber außer seiner Glatze konnte ich nichts erkennen. Er hatte sich vornübergebeugt und starrte durch ein Fernrohr, das auf der Veranda stand. Es war bergwärts gerichtet in die Richtung, in der eine zweite alte Hütte stand.

„Er beobachtet mein Haus", sagte McFuddy. „Das da oben ist mein Haus." Mir rutschte das Herz in die Hose. Auch wenn McFuddys Haus noch ungefähr einen Kilometer entfernt war, konnte ich erkennen, dass es eine baufällige, verwahrloste Bruchbude war. Überall um das Haus herum lagen rostige Autos, alte Kühlschränke und Müll. Die Schindeln waren zum Teil abgefallen und das letzte bisschen Farbe musste sich wohl vor ungefähr hundert Jahren abgelöst haben.

Wir gingen in die Hütte und McFuddy zeigte mir mein Zimmer. Es war der Waschraum. Eine unbrauchbare Wäschemangel stand darin und ein leerer Trog. Auf dem Boden lag eine staubige, gestreifte Matratze und eine alte graue Wolldecke. Im ganzen Raum hingen Spinnweben, und die Fenster waren unglaublich dreckig. In der Küche vor einem Fenster entdeckte ich ein Fernrohr. Ein kleiner Fleck an der Scheibe war sauber geputzt, damit man durch das Fernrohr den Berg hinunter auf Foxys Hütte sehen konnte.

„Ich muss ein paar Weidepfosten an der oberen

Koppel einschlagen", sagte McFuddy. „Wenn du willst, Junge, kannst du dich umsehen, aber geh nicht in die Nähe von Foxys Haus. Und verlauf dich nicht." Damit ging er hinaus in die heiße Nachmittagssonne und knallte die Tür hinter sich zu.

Ich bummelte über McFuddys Farm, was aber nicht lang dauerte, und dann wollte ich das kleine Wäldchen oberhalb der Hütte erkunden. Ich sah eine braune Schlange und ein paar Eidechsen, aber sonst nichts. In der Ferne konnte ich McFuddy auf die Weidepfosten hämmern hören. Dann hörte ich etwas ganz anderes, etwas sehr Merkwürdiges. Es war Musik. Jemand spielte eine Melodie, aber ich konnte nicht heraushören, was für ein Instrument es war. Dann erkannte ich es. Es war ein Eukalyptusbaumblatt. Jemand spielte *Click go the Shears* auf einem Eukalyptusblatt.

Ich setzte mich auf einen Baumstamm und lauschte. Es war wunderbar, einem so guten Spieler zuzuhören. Wie eine träge Biene summte die Melodie durch die stillen Bäume. Ich konnte niemanden entdecken, so sehr ich mich auch anstrengte. Dann, ganz plötzlich, spürte ich einen Schmerz in meiner linken Hand. Sie hatte einen tiefen Kratzer. Er blutete heftig. Keine Ahnung, wie ich dazu gekommen war. Ich musste mich wohl an einem Zweig geritzt haben. Ich rannte zur Hütte zurück und vergaß die Musik.

McFuddy saß in der Küche und trank Tee. Er war wütend wie eine Schlange, als er den Kratzer sah. „Wie hast du das gemacht?", schrie er.

„Weiß ich nicht", sagte ich. „Ich saß auf einem Baumstamm und auf einmal war es da."

„War da Musik?", rief er. „Hast du Musik gehört?"

„Ja. Jemand hat auf einem Eukalyptusblatt gespielt. Ein guter Spieler, glaub ich."

McFuddy wurde puterrot im Gesicht. „Hat er *Click go the Shears* gespielt, ja?", fragte er. Ich nickte. Er sprang von seinem Stuhl auf und riss eine Schrotflinte von der Wand. „Diese Ratte von Foxy", zischte er. „Das soll er mir büßen! Ich knöpf ihn mir vor!" Er rannte vor die Tür und feuerte aus beiden Läufen irgendwie in die Richtung von Foxys Hütte. Der Schuss löste sich mit einem ungeheuren Knall, der die Fensterscheiben erzittern ließ.

Ich lief hinaus und sah den Hang hinunter. Weit unten konnte ich Foxys Hütte sehen. Eine winzige Gestalt stand auf der Veranda und deutete mit etwas zu uns herauf. Ein kurzes Aufblitzen, dann rollte wieder ein Schuss aus einer Schrotflinte mit dumpfem Echo durch die Berge.

„Vorbei", sagte McFuddy. „Eine Meile vorbei." Er ging in die Küche und kicherte in sich hinein. Kein Wunder, dass Foxy vorbeigeschossen hatte. Kein Wunder, dass beide vorbeigeschossen hatten. Schrotflinten eignen sich nicht für weite Entfernungen. Die beiden Männer hätten einander unmöglich treffen können.

„Was ist denn los?", fragte ich. „Von Foxy hab ich den Kratzer doch nicht. Da war doch niemand weit und breit. Die ganze Zeit, die ich weg war, habe ich keinen Menschen gesehen. Es war nicht seine Schuld. Es war ein Unfall."

McFuddy antwortete lange nicht. Er aß eine dicke Scheibe Brot mit Brombeermarmelade. Dann schob er sein Gebiss im Mund hin und her, fuhr mit der Zunge darunter und säuberte es von den Brombeerkörnern. Als er fertig war, sagte er: „Kümmer dich nicht um Sachen, die du nicht verstehst. Foxy ist hinterlistiger als jede Schlange. Er hat dich geschnitten und damit basta."

„Aber", wollte ich einwenden.

„Kein Aber. Und treib dich nicht wieder rum ohne meine Erlaubnis."

Das war das Ende des Gesprächs. Mehr wollte er nicht sagen. In dieser Nacht legte ich mich auf die alte Matratze zum Schlafen. Eine Weile drehte und warf ich mich hin und her, aber dann schlief ich doch ein.

3

Am Morgen hatte McFuddy eine böse Erkältung. Er hustete, nieste und spuckte ununterbrochen. Seine Nase glänzte rot wie eine Tomate. Er hatte eine Stinklaune. „Foxy war hier", schrie er. „Er hat mir die Grippe angehängt. Als ich im Bett lag und nicht schnell genug rauskonnte, ist er gekommen. Hast du's nicht gehört, Junge? Hast du das Eukalyptusblatt nicht gehört?"

„Nein", sagte ich. „Und ich glaube nicht, dass Foxy dich mit der Grippe angesteckt hat. Durch geschlossene Fenster kann man keine Grippe kriegen." Ich ging aus der Haustür, weg von seiner Husterei. Da fand ich den Brief. Ein zerknitterter Umschlag lag auf der Veranda. Darauf stand: *An den Jungen mit der langen Nase.*

Ich riss ihn auf. Es war eine Mitteilung für mich.

Tut mir Leid wegen dem Kratzer, Junge. Ich habe gedacht, du wärst McFuddy.

McFuddy riss mir den Zettel aus der Hand. „Ich wusste es. Ich wusste es doch", zischelte er. „Dieser minderwertige Scheißkerl war letzte Nacht hier oben und hat mir die verdammte Grippe angehängt." Er rannte ins Haus und kam mit der Schrotflinte zurück. Wieder feuerte er aus beiden Läufen auf Foxys Hütte. Der Schuss wurde umgehend von einem zweiten dumpfen Knall aus Foxys Hütte unten im Tal beantwortet.

Ich versuchte aus McFuddy eine Erklärung herauszubringen, was hier eigentlich vor sich ging, aber er war schlechter Laune und wollte kein Wort darüber verlieren. „Ich ziehe heute einen Zaun", sagte er. „Und ich brauche deine Hilfe. Pack diesen Eckpfosten an einem Ende, dann schleppen wir ihn runter zur unteren Weide."

Mit dem schweren Pfosten schwankten wir den steilen Hang hinunter. Ich war überrascht, wie stark McFuddy war. Nicht ein Mal setzte er ab, aber er hustete und spuckte den ganzen Weg. Dann, kurz bevor wir am Ziel waren, trat McFuddy in einen Kuhfladen und rutschte aus. „Autsch!", schrie er. „Mein Fuß! Mein Knöchel!" Ich stürzte zu ihm hin und sah nach seinem Fuß. Er schwoll schon an und wurde blau.

„Ich helf dir zum Haus zurück", sagte ich. „Das sieht ernst aus." Sein Gesicht war schmerzverzogen. Dann, ganz plötzlich, veränderte es sich, und er grinste.

„Gut", sagte er. „Es tut weh wie der Teufel. Genau,

was ich brauche." Er fing an zu gackern wie ein Huhn, das gerade ein Ei gelegt hat. „Geh und hol mir einen Stock, Junge. Das ist das Beste, was mir seit langem passiert ist." Ich fand einen Stock für ihn und mit seiner Hilfe humpelte er hinüber zur Straße. Er hinkte stark und ich sah ihm an, dass er Schmerzen hatte.

„Wohin willst du?", fragte ich ihn. „Mit diesem Fuß darfst du nicht weit laufen."

„Ich gehe zu dem alten, krummen Eukalyptusbaum", rief er über die Schulter. „Und dann hab ich noch was zu erledigen. Du kannst wieder nach Hause gehen, Junge, aber versuch ja nicht, mir zu folgen!" Langsam humpelte er die Straße hinunter und verschwand schließlich hinter einer Kurve.

Die ganze Sache war ziemlich rätselhaft. Diese zwei alten Männer schossen aufeinander. Und sie warfen sich gegenseitig Dinge vor, die sie gar nicht getan haben konnten. Mitten in der Nacht schlichen sie umher, um Melodien auf Eukalyptusblättern zu spielen. Ich musste herausfinden, was das alles zu bedeuten hatte. Also folgte ich McFuddy die Straße hinunter und gab Acht, dass ich hinter den Büschen blieb, damit er mich nicht sehen konnte.

4

Es war leicht, mit ihm Schritt zu halten, weil er wegen seines verstauchten Knöchels so langsam vorankam. Nach ungefähr einer Stunde erreichte er den alten, verwachsenen Eukalyptusbaum, den er mir gestern gezeigt hatte. Mir fiel auf, dass an den unteren Zweigen die Blätter abgestreift waren, als hätte Vieh sich daran zu schaffen gemacht. McFuddy schlug mit seinem Stock gegen einen Zweig und ein Blatt fiel ab. Er setzte es an die Lippen und blies. Da strömte eine Folge von klaren Tönen hervor und wehte in Richtung Straße. McFuddy lachte in sich hinein und steckte das Blatt in seine Tasche. Dann zog er ab, die Straße hinunter. Ich wusste, wohin er ging.

Und tatsächlich, nach einer weiteren Stunde Humpeln erreichte McFuddy Foxys Hütte. Foxy spähte gerade durch sein Fernrohr, das auf unser Haus gerichtet war. Auf allen vieren kroch McFuddy hinter einer Reihe von Sträuchern entlang. Als er dicht bei der Hütte war, aber immer noch außer Sicht, holte er das Eukalyptusblatt aus der Tasche und fing an *Click go the Shears* zu spielen. Er war ein hervorragender Spieler. Ich hatte keine Ahnung gehabt, dass er so musikalisch war. Jeder Ton kam rein und kräftig.

Im selben Augenblick, als die ersten Töne erklangen, sprang Foxy auf, als wäre er von der Tarantel gestochen. Dann presste er sich die Hände auf die Ohren, rannte ins Haus und schrie, als ob er am Spieß steckte. McFuddy drehte sich um und sprang davon. Er flitzte auf die Straße wie ein Kaninchen. Nie vorher hatte ich ihn so laufen sehen. Ich brauchte ein paar Sekunden, bis ich begriff, dass er nicht mehr humpelte. Sein verstauchter Knöchel war geheilt. Er war nicht mehr geschwollen und tat nicht mehr weh.

Foxy erschien mit seiner Schrotflinte auf der Veranda und feuerte in die Luft über McFuddys Kopf.

„Gleich bist du hin, McFuddy!", rief er. „Dann mach ich Schmierseife aus dir!" Er versuchte McFuddy auf der Straße nachzulaufen. Doch er konnte nicht. Er hatte einen verstauchten Fuß.

5

In meinem Kopf drehte sich alles. Das war das Merkwürdigste, was mir jemals vorgekommen war. Diese zwei alten Männer konnten sich anscheinend gegenseitig ihre Krankheiten zuschanzen und sich auf diese Weise selbst kurieren. Alles funktionierte durch Blasen auf einem Eukalyptusbaumblatt, und zwar an einer Stelle, wo es der andere hören musste. Ich wollte wissen, wie die Sache weiterging, und folgte McFuddy über die staubige, sich aufwärts windende Straße.

Unter dem alten, verkrümmten Eukalyptusbaum, wo er sich zu einer Verschnaufpause hingesetzt hatte, holte ich ihn ein. Da saß er und lachte krächzend und meckernd vor sich hin. Ich konnte ihm ansehen, dass er den Vorfall für einen großen Sieg hielt. „Das setzt ihn matt", sagte er. „Das wird ihn für eine Weile bremsen." Offenbar machte es McFuddy nichts aus, dass ich ihm gefolgt war. Im Gegenteil, er schien froh, dass er nun vor jemandem prahlen konnte.

„Was ist mit deinem verstauchten Knöchel?", wollte ich wissen. „Und wie kann Foxy jetzt eine Verstauchung haben und vorher hatte er nichts?"

McFuddy sah mich kurz an, dann sagte er: „Du sollst es ruhig erfahren, Junge. Immerhin bist du ein Familienmitglied. Es ist dieser Baum. Dieser alte, verwachsene Eukalyptusbaum. Wenn du *Click go the Shears* auf einem seiner Blätter bläst, wird dein Gebrechen auf den übertragen, der die Melodie hört. Aber es funktioniert nur mit Blättern von diesem Baum. Und nur mit dieser einen Melodie."

Es schien zu fantastisch, als dass man es glauben konnte, aber ich hatte es mit meinen eigenen Augen gesehen. „Warum klappt es nur mit Blättern von dem alten, krummen Eukalyptusbaum?", fragte ich.

„Das weiß ich nicht", sagte er. „Probiert hab ich's mit hunderten von anderen Bäumen, aber da tut sich nichts. Es geht nur mit diesem." Er stieß einen gewaltigen Nieser aus und spuckte auf die Straße. Seine Nase war immer noch rot und seine Augen tränten.

„Aber wieso hast du immer noch deine Erkältung?", fragte ich. „Warum hat Foxy die nicht zurückgekriegt, als du ihm den verstauchten Knöchel übertragen hast?"

„Zurückgeben geht nicht. Ein und dieselbe Krankheit kann man nur ein einziges Mal weiterreichen. Danach hat man sie erst mal. Ich muss warten, bis die Erkältung von selber weggeht. Und Foxy kann mir den verstauchten Knöchel nicht zurückgeben. Er muss sich gedulden, bis es auf normalem Weg wieder besser wird. So geht das eben." McFuddy nahm das Eukalyptusblatt aus seiner Hosentasche und warf es auf die Erde. Ich hob es auf und versuchte, ihm ein Geräusch zu entlocken. Nichts kam. Nicht ein Piep.

„Spar dir deine Puste, Junge", sagte McFuddy. „Jedes Blatt spielt nur ein Mal. Dann nie mehr."

„Also, ich finde, das ist das Gemeinste, was ich je gehört habe", sagte ich. „Spaß dran haben, einen anderen Menschen mit Absicht krank zu machen. Wie lange geht das denn schon so?"

„Mehr als sechzig Jahre, Junge. Aber es ist nicht meine Schuld. Foxy hat mir zuerst die Masern angehängt, als wir noch zur Schule gegangen sind. Ich hab's aber schon bald rausgekriegt und ihm Zahnschmerzen verpasst. So hat es angefangen und so wird es ewig weiter ..." McFuddy brach mitten im Satz ab. Er rümpfte die Nase und sog schnuppernd den heißen Nordwind ein. „Rauch!", schrie er. „Ich rieche Rauch!"

Er sprang auf und rannte die Straße bergauf. „Schnell, Junge", rief er mir über die Schulter zu. „Da kommt ein Buschfeuer! Zurück zum Haus!" So schnell wir konnten, flitzten wir beide die Straße hinauf. Wir kamen gerade noch rechtzeitig. Ein grausames Feuer fegte über die Kuppe des Berges und raste durch das trockene Gras auf die Hütte zu. Rauchschwaden wirbelten darüber hin und verdunkelten die Sonne.

„Aufs Dach, Junge!", schrie McFuddy. „Verstopf das Fallrohr und schütt die Regenrinne mit Wasser voll. Ich mach im Haus alles dicht." Ich lehnte eine Leiter gegen die Mauer und füllte eimerweise Wasser in die Regenrinne. McFuddy machte überall Fenster und Türen zu. Dann warf er einen tragbaren Generator an und spritzte das ganze Haus mit einem Gartenschlauch ab, der an seinem Wassertank angeschlossen war. Bald war das Haus von Feuer umzingelt. Funken und Rauch wehten überall hin. Vor der Haustür und an der Hin-

96

terseite des Hauses brachen kleinere Feuer aus. Dann fing die Hintertür Feuer. Mit einem Leinensack, den ich in Wasser getaucht hatte, schlug ich dagegen, doch er glitt mir aus den Händen. McFuddy konnte mir nicht helfen. Er kämpfte mit den Flammen, die vorn nach der Veranda griffen.

Es schien aussichtslos. Es gelang mir nicht, das Feuer an der Hintertür aufzuhalten, und ich wusste, dass jeden Moment das ganze Haus unter einem Flammenmeer zusammenstürzen konnte. Dann, ohne Vorwarnung, preschte ein alter Kastenwagen durch das Hoftor und bremste in einer Wolke aus Staub. Es war Foxy. Er sprang aus dem Auto, huckte sich eine tragbare Feuerspritze auf den Rücken und stürmte zur Hintertür. Im Handumdrehen hatte er die Flammen gelöscht. Dann rannte er zur Haustür hinüber und half McFuddy bei der Veranda.

Zwei Stunden lang kämpften wir zu dritt Seite an Seite, bis das Schlimmste vorbei war. Dann standen wir nur noch da, starrten die Hütte an – die durch Foxys Hilfe gerettet worden war –, das verbrannte Gras und die verkohlten Bäume um uns herum. Die Hütte stand noch, aber sie war umgeben von einer Wüste aus glimmender Schwärze.

6

McFuddy sah seinen alten Feind an, der immer noch beim Laufen hinkte. Er streckte ihm die Hand hin. „Danke, mein Freund", sagte er. „Danke vielmals."

Foxy zögerte eine Sekunde, dann schüttelte er die ausgestreckte Hand. „Schon gut, McFuddy", antwortete er. „Dasselbe hätte ich auch für einen Wombat getan."

McFuddy grinste. „Komm her und trink ein Bier. Hast's dir verdient." Sie gingen in die Küche und McFuddy öffnete zwei Flaschen Bier und eine Dose Limonade für mich. Schon bald machten sie Witze, lachten und prahlten über die Rettung in letzter Sekunde.

„Ich bin froh, dass ihr endlich Freunde geworden seid", sagte ich nach einer Weile. „Jetzt muss keiner von euch mehr zu dem alten Eukalyptusbaum hin."

Da sprangen sie beide auf die Füße, als hätte sie jemand mit Nadeln gestochen. „Der alte Eukalyptusbaum!", riefen sie wie aus einem Mund. Sie rannten hinaus und sprangen in den Kastenwagen. Ich konnte gerade noch auf die Ladefläche klettern, dann schlingerte der Wagen den Berg hinunter. Verzweifelt klammerte ich mich fest und sah fassungslos zu den geschwärzten, blattlosen Bäumen hin, die zu beiden Seiten vorüberflogen. Kreischend kam der Wagen zum Stehen und wir sprangen ab.

Es freute mich richtig, dass der alte Eukalyptusbaum verbrannt war. Er war nur noch ein schwarzes, verkrüppeltes Gerippe. Alle Blätter waren in Rauch aufgegangen. Alle, bis auf eins. Hoch oben in der Krone, unerreichbar, ragte ein einsames grünes Blatt in den Himmel. Stumm und starr standen wir davor. Dann, immer noch wortlos, rannte Foxy zum Auto und fuhr, was die Kiste hergab, den Berg hinunter.

„Schnell", schrie McFuddy. „Er ist los und holt eine

Leiter. Komm, hilf mir, Junge. Wir müssen das Blatt vor ihm kriegen. Es ist das letzte. Komm und hilf mir die Leiter tragen."

„Nein, das mach ich nicht", sagte ich. „Ich wünschte, es wären alle Blätter verbrannt! Jemand anderem seine Krankheit aufhalsen, ist eine schreckliche Sache – so was tut man einfach nicht! Trag deine Leiter allein."

„Verräter!", brüllte er und hastete davon.

Ich blieb inmitten der geschwärzten Landschaft sitzen und schielte zu dem Blatt hinauf. Es hing zu hoch für mich, ich konnte nicht hinaufklettern und es holen, außerdem war der Baum noch glühend heiß. Also saß ich nur da und wartete.

So verging eine ganze Weile. Plötzlich geschah etwas: Das Blatt löste sich aus seiner einsamen Höhe und segelte sacht zur Erde. Direkt vor meinen Füßen landete es. Ich nahm es auf und steckte es in meine Tasche.

7

Gerade noch rechtzeitig. Genau in diesem Moment erschienen McFuddy und Foxy, jeder mit einer Leiter. Foxys Kastenwagen hatte wegen Überhitzung seinen Geist aufgegeben und beide Männer schwankten unter ihren schweren Lasten. Sie ließen ihre Leitern fallen und starrten mit offenen Mündern am Baum hinauf. Dann fielen sie auf Hände und Knie und fingen an, in der Asche rings um den Baum zu wühlen. „Das letzte Blatt", stöhnte Foxy. „Das allerletzte Blatt."

„Es ist weg! Es ist weg!", heulte McFuddy. Sie

kratzten und suchten überall, aber ohne Erfolg. Bald waren sie völlig von Ruß und Staub bedeckt und sahen aus wie zwei Gespenster, die im schwarzen Wald ihren Spuk treiben.

Nach einer Weile verlangsamten sie ihre fieberhafte Suche. McFuddy sah zu mir herüber. „Der Junge", sagte er plötzlich. „Der Junge hat's genommen. Gib's her, Junge."

Langsam und mit ausgestreckten Händen kamen sie beide auf mich zu. Ihre Augen flackerten als wilde weiße Punkte bedrohlich aus ihren schwarzen Gesichtern hervor. Sie sahen gefährlich aus. Echt gefährlich. Ich fühlte mich wie ein Kaninchen, das von zwei ausgehungerten Dingos in die Enge getrieben wird. Sie würden mich in Stücke reißen, um an das Blatt zu kommen. Ich schob es tiefer in meine Tasche und wich zurück.

Ich musste es loswerden. Auf keinen Fall wollte ich einem von ihnen die Chance geben, einen letzten Angriff auf den anderen zu starten. Aber ich wusste nicht, was tun. Ich war umzingelt. Einer der Männer näherte sich auf der Straße von oben, der andere von unten, und die Wiesen glühten noch. Da fiel mir ein, was McFuddy erzählt hatte. Jedes Blatt brächte nur ein einziges Mal eine Melodie hervor, dann nie mehr. Kurzerhand beschloss ich, seine Macht zu zerstören, indem ich darauf spielte. Ich setzte es an die Lippen und blies. Aber nichts war zu hören. Nicht mal ein Quietscher. Ich versuchte es noch mal und ein lautes „blubb" kam hervor. Es ging also. Krampfhaft versuchte ich, an eine Melodie zu denken, aber mein Kopf war wie leergefegt. So nervös war ich, dass mir keine einzige einfiel. Keine, außer *Click go the Shears.* Also spielte ich das. Es war nicht besonders gut – eine Menge „blubbs" kamen darin vor und falsche Töne zuhauf, aber kein Zweifel, es war *Click go the Shears.*

McFuddy und Foxy wälzten sich auf der Erde, die Hände über den Ohren und brüllten vor Wut. Dann griffen sie sich an ihre Nasen. Ich auch. Meine Nase war wieder ganz normal. Sie war auf drei Zentimeter geschrumpft. Aber McFuddy und Foxy hatten lange, lange Nasen. Jeder hatte die jämmerlich misshandelte, zerdehnte Nase von mir abgekriegt und meine war wieder normal.

McFuddy sah Foxys Nase und fing an zu lachen. Er rollte sich im Dreck und lachte, bis die Tränen feine Spuren auf seinem rußigen Gesicht hinterließen. Dann sah Foxy McFuddys Nase und fing auch zu lachen an. Bald rollten wir alle drei durch den Dreck und schüttelten uns vor Lachen.

8

McFuddy und Foxy schienen ihre langen Nasen nichts auszumachen, und als ihnen klar wurde, dass das letzte Blatt vom Baum verschwunden war, wurden sie wieder Freunde. Ich erklärte ihnen, dass sie ihre Nasen operieren lassen könnten, doch keiner von beiden schien daran sehr interessiert. „In meinem Alter muss ich den Mädchen nicht mehr imponieren", war alles, was McFuddy dazu sagte.

Am nächsten Tag fuhr ich mit dem Zug nach Hause. Jetzt wollte ich wieder zur Schule gehen. Ich hatte eine normale Nase. Es waren kurze Ferien gewesen, aber äußerst heilsame.

Im Zug saß ich wieder mit denselben Leuten im Abteil, mit denen ich gekommen war. Aus den Augenwinkeln starrten sie mich an und überlegten, ob ich derselbe komische Junge von neulich war.

Der Nationalpark-Ranger war der Einzige, der keinerlei Notiz von mir nahm. Er starrte durch das Fenster auf den geschwärzten Wald. Keiner hörte ihm zu außer mir. Aber was er sagte, gefiel mir nicht.

„Nicht so schlimm", murmelte er vor sich hin. „Nächstes Jahr um diese Zeit ist alles wieder grün. Eukalyptusbäume schlagen nach einem Buschfeuer gewöhnlich wieder aus."

Möwenschisse

1

Die Zwillinge saßen am Strand und warfen den Möwen Brocken von ihrem Essen zu.

„Ich mag Oma keine Lüge erzählen", sagte Tracy. „Das wäre unfair. Sie hat sich um uns gekümmert, seit Mum und Dad gestorben sind. Ohne sie wären wir in einem Kinderheim gelandet."

Gemma seufzte. „Wir tun Oma damit doch nicht weh. Wir tun ihr sogar einen Gefallen. Wenn wir Dads Rubine finden, können wir sie für viel Geld verkaufen. Dann können wir Seagull Shack wieder herrichten und Oma auch was von dem Geld schenken."

„Warum willst du nicht warten, bis wir achtzehn sind? In Dads Testament steht, dass Seagull Shack dann uns gehören soll. Wir können dann sogar hinziehen und da wohnen, wenn du willst", antwortete Tracy.

Gemma wurde langsam ungeduldig. „Ich habe dir das schon eine Million Mal erklärt. Wir werden erst in drei Jahren achtzehn. Der Letzte, der auf Seagull Shack war, hat erzählt, dass es allmählich zerfällt. Wenn wir zu lange warten, wird das Haus von der Klippe geweht. Dann finden wir die Rubine nie. Sie sind in der Hütte. Ich bin sicher, Dad hat sie vor seinem Tod da versteckt."

Tracy warf den Möwen noch eine Brotrinde zu. „Was willst du Oma dann erzählen?"

„Wir sagen ihr, dass wir auf dem Campingplatz übernachten. Dann wandern wir über die Klippen nach Seagull Shack. Wenn wir am Morgen losgehen, können wir nachmittags da sein. Die Nacht über suchen wir im Haus nach den Rubinen. Wenn wir sie finden, kriegt Oma ein bisschen Geld auf ihr Konto und wir können ein paar Bauarbeiter mit dem Boot losschicken und Seagull Shack renovieren lassen."

„Hör mal", sagte Tracy zu ihrer Schwester. „Wieso bist du so sicher, dass wir die Rubine finden? Das Haus ist nach Dads Tod immer wieder durchsucht worden und keiner hat was gefunden."

„Ja, aber es ist nicht von uns durchsucht worden. Wir kennen in diesem Haus jeden Winkel. Und wir kannten Dad. Wir wissen, was für Einfälle er hatte. Wir können an Stellen suchen, an die sonst keiner denken würde. Ich glaube, ich weiß sowieso, wo sie sind. Ich habe da so eine Idee. Ich glaube, Dad hat sie in der ausgestopften Möwe versteckt. Das hab ich geträumt."

„Hey, hast du das gesehen?", schrie Tracy auf einmal. „Wo ist die Rinde hin?"

„Was für eine Rinde?"

„Ich habe den Möwen eine Rinde zugeworfen, und sie ist weg."

„Quatsch", sagte Gemma. „Eine Möwe hat sie erwischt. Brot verschwindet doch nicht von allein."

Tracy warf noch einen Brocken Brot in die Luft. Er fiel schon wieder zur Erde, da wurde er plötzlich wie

104

von einer unsichtbaren Hand aufgefangen. Er stieg hoch in die Luft, wechselte die Richtung und verschwand in der Ferne. Alle anderen Möwen flogen dem Brotbrocken hinterher, kreischten und zeterten.

„Wow!", schrie Gemma. „Wie hast du das gemacht?"

„Ich hab es nicht gemacht", sagte Tracy nachdenklich. „Irgendein Wesen ist damit weggeflogen. Ein Wesen, das wir nicht sehen können. Was Unsichtbares. Vielleicht ein Vogel."

Gemma fing an zu lachen. „Eine Geistermöwe vielleicht?"

„Das ist nicht so lustig, wie du denkst", sagte Tracy. „Das ist ein Zeichen. Irgendetwas oder irgendjemand will, dass wir nach Seagull Shack gehen."

„Aber vielleicht hast du's falsch verstanden", antwortete Gemma. „Vielleicht sollen wir gerade nicht gehen."

Auf einmal drehte der Wind auf Südwest und die beiden Mädchen froren.

2

Zwei Tage später kämpften sich Tracy und Gemma über die verlassenen, trostlosen Klippen. Sie gingen gebeugt vom Gewicht des Wandergepäcks und der Wasserflaschen. Tief unter ihnen brandete der Pazifische Ozean gegen die felsigen Klippen. Über ihren Köpfen wurde das Blau des Himmels nur von einer winzigen weißen Möwe unterbrochen, die langsam in der salzigen Luft kreiste.

„Wie weit noch?", stöhnte Gemma. „Die Füße fallen mir gleich ab. Wir sind schon Stunden gelaufen."

„Jetzt ist es nicht mehr weit", sagte Tracy. „Nur noch um die nächste Landzunge. Wir müssten eigentlich jeden Moment das alte braune Dach sehen können ... Hey. Was war das?" Sie fuhr sich über das Haar und zog etwas Klebriges, Weißes heraus. Sie sah zu der Möwe hinauf, die über ihnen kreiste. „Du blödes Mistvieh!", schrie sie ihr zu. „Sieh dir das an! Die hat mich voll getroffen."

Gemma lag auf dem grasigen Hang und fing zu lachen an. „Das muss man sich vorstellen", keuchte sie. „Meilenweit nur Klippen und kein Mensch in der Nähe, aber dieser Vogel muss seine Scheiße direkt auf deinen Kopf fallen lassen." Ihr Gelächter verstummte abrupt, als ihr etwas ins Auge klatschte. „Iiiiih, sie hat mich ins Auge getroffen! Der dämliche Vogel bombardiert uns!"

Sie sahen hinauf und entdeckten, dass es nun vier oder fünf Möwen waren, die über ihnen kreisten. Eine schoss herunter und gab ihre Ladung ab. Noch ein weißer Klecks traf Tracy am Kopf. Die anderen Möwen folgten dem Beispiel, eine nach der anderen verschoss ihre stinkige Ladung in die Haare der Mädchen. Tracy und Gemma hielten sich die Hände über die Köpfe und rannten los. Mehr und mehr Vögel sammelten sich, kreisten, schwenkten herum, tauchten im Sturzflug auf die flüchtenden Gestalten herab. Vogelkot wirbelte durch die Luft und regnete herab wie schwere Schneeflocken.

Die Mädchen stolperten weiter. Es gab keine De-

ckung auf den ungeschützten, vom Wind blank gefeg-
ten Klippen – kein Entkommen aus dem Guano-
Schneesturm, der sie verschlang.

Tracy stolperte und fiel. Tränen schmierten eine Spur
durch die weiße Matsche auf ihrem Gesicht. „Komm",
rief Gemma. „Komm weiter – wir müssen einen Unter-
schlupf finden." Sie zog ihre Schwester auf die Füße
und beide Mädchen tasteten sich weiter durch den weißen Sturm, den die kreischenden, kreisenden Möwen
über ihnen entfesselt hatten.

Endlich, erschöpft und wie blind, fielen die Zwillinge einander in die Arme. Sie drängten sich dicht aneinander und versuchten sich vor dem herabstürzen-
den Dreck zu schützen, indem sie ihr Gepäck über die
Köpfe hielten. Gemma fing zu husten an. Die weißen
Exkremente verklebten ihr die Ohren, Augen und Na-
senlöcher. Um jeden Atemzug musste sie kämpfen.

Aber dann, ebenso schnell wie er begonnen hatte,
endete der Angriff. Der ganze Schwarm drehte ab aufs
Meer und verschwand am Horizont.

Die Mädchen saßen keuchend und schluchzend auf
der Erde. Beide waren mit einer zähflüssigen weißen
Schicht aus Vogeldreck überzogen. Schließlich stieß
Gemma hervor: „Ich kann das nicht glauben. Sieh uns
an. Von oben bis unten voll Vogeldreck. Ist das überhaupt wirklich passiert? Wohin sind sie?" Ängstlich
blickte sie über das Meer.

„Wahrscheinlich haben sie sich leer geschissen",
sagte Tracy. „Besser, wir sind in der Hütte, bevor sie
zurückkommen."

Eine Stunde später kämpften sich die beiden Mädchen zur Hütte hinauf. Sie stand hoch über dem Meer, gefährlich nah am Rand einer Klippe, die steil aus der schäumenden Brandung ragte. Mit ihrem ramponierten Blechdach und den Holzwänden, von denen die Farbe abblätterte, trotzte die Hütte der Macht des Seewindes.

Beiden Mädchen stiegen die Tränen in die Augen. „Es erinnert mich so an Dad und unsere Angelferien, die wir hier mit ihm verbracht haben", sagte Tracy. Sie blieben einen Augenblick auf der alten Veranda stehen, sahen sich um und hingen ihren Erinnerungen nach.

„Das reicht", sagte Gemma, drehte den Schlüssel um und stieß die Tür auf. „Komm, wir waschen uns erst mal und dann suchen wir nach diesen beiden Rubinen."

In der Hütte war das meiste so, wie sie es in Erinnerung hatten. Es gab nur zwei Räume: eine Küche mit einem alten Tisch und drei Stühlen, in der überall Angelruten und Netze herumlagen, und ein Schlafzimmer mit drei Matratzen auf dem Boden. In der Küche gab es außerdem ein Spülbecken und eine alte Anrichte, auf der eine riesengroße ausgestopfte Möwe stand. Sie hatte nur ein Bein, und auf jedem Flügel war ein schwarzer Fleck. Starr blickte sie durch die beschlagenen Fensterscheiben zum Himmel und zu den Wellen draußen.

„Sie sieht immer aus, als wäre sie lebendig", sagte Tracy schaudernd. „Warum hat Dad sie totgeschossen? Er hielt doch gar nichts davon, Vögel zu schießen."

„Sie war verwundet", antwortete Gemma. „Er hat sie nur von ihren Qualen erlöst. Und weil sie so groß war, hat er sie ausgestopft und aufgestellt. Dad hat gesagt, es ist die größte Möwe, die er je gesehen hat."

„Na gut", sagte Tracy. „Ich bin jedenfalls froh, dass *du* in ihrem Inneren nach den Rubinen suchen willst. Ich fasse sie nämlich nicht an. Ich finde das eklig."

„Erst mal", sagte Gemma, „machen wir den ganzen Vogeldreck ab. Dann suchen wir."

Unter dem Wasserhahn an der Spüle wuschen sich die Mädchen mit Wasser aus dem Speicher. Dann setzten sie sich an den Tisch und stellten die ausgestopfte Möwe vor sich hin. Gemma schnitt einen kleinen Schlitz in den Bauch und zog das Füllmaterial vorsichtig heraus. Tiefe Stille fiel über die Hütte und die Felsenklippe. Nicht einmal die Wellen waren zu hören.

Die Luft schien erfüllt von lautlosem Weinen.

„Die Rubine sind nicht da", sagte Gemma schließlich. Sie stopfte das Füllmaterial wieder in den toten Vogel und stellte ihn auf seinen Platz. „Ich bin froh, dass das erledigt ist", fuhr sie fort. „Hat mir gar nicht gefallen. Ich hatte ein ungutes Gefühl dabei."

Auch als sich die Dunkelheit über die Hütte gesenkt hatte, setzten die Mädchen ihre Suche nach den Rubinen fort. Sie zündeten eine Kerze an und suchten bis in die Nacht – vergebens. Zu müde, um weiterzusuchen, rollte Tracy schließlich den Schlafsack aus und machte sich zum Schlafen fertig. Sie ging zum Fenster und wollte gerade den Vorhang zuziehen, da erstarrte sie. Ein durchdringender Schrei erfüllte die Hütte. „Da!", kreischte Tracy. „Da!"

Die Mädchen starrten voll Entsetzen auf die große Möwe, die draußen auf dem Fenstersims saß. Die Möwe schaute zu ihnen herein und blinzelte ab und zu aus feurig roten Augen. „Ich kann in sie hineinsehen", flüsterte Gemma. „Ich kann ihre Eingeweide sehen. Sie ist durchsichtig."

Stumm und mit starrem Blick flehte der einsame Vogel die Mädchen an, dann stieß er sich mit seinem einzigen Bein ab und flog durch das Mondlicht davon.

Bevor die Mädchen ihre Sprache wieder gefunden hatten, fing es an, leise auf das Blechdach zu klatschen. Bald wurde es lauter und lauter, bis die Hütte von einem gewaltigen Trommeln erbebte. „Was für ein Sturm", rief Gemma.

„Das ist kein Sturm", schrie Tracy zurück. „Das sind die Vögel. Die Möwen sind zurückgekehrt. Sie bombardieren das Haus." Mit Schrecken sahen sie den gespenstischen Schwarm, der in der Dunkelheit seinen abscheulichen weißen Regen absonderte.

Es trommelte die ganze Nacht hindurch auf das Dach. Gegen Morgen wurde es leiser, aber nie hörte es auf. Endlich schliefen die Mädchen ein. Sie konnten ihre vor Müdigkeit brennenden Augen nicht mehr offen halten.

4

Um zehn Uhr wachte Tracy in der Dunkelheit auf und tippte an den Lichtknopf ihrer Digitaluhr. „Wach auf", rief sie. „Es ist schon spät."

„Das kann nicht sein", antwortete Gemma. „Es ist doch noch dunkel."

In der Hütte war es still wie in einem Grab. Gemma zündete eine Kerze an und ging zum Fenster. „Ich kann überhaupt nichts sehen", sagte sie.

Tracy öffnete die Haustür und schrie auf, als eine Flut von Vogelkot hereinschwappte. Ein ekelhaft stinkender Strom quoll in die Küche. „Schnell!", schrie sie. „Hilf mir die Tür zuzumachen oder wir ertrinken in dem Zeug!"

Taumelnd, ächzend und stöhnend gelang es ihnen, die Tür zu schließen und den stinkenden Fluss auszusperren. „Das ganze Haus ist begraben", sagte Gemma. „Und wir mit. Lebendig begraben in Vogelscheiße."

„Und niemand weiß, dass wir hier sind", fügte Tracy hinzu.

Sie setzten sich und starrten unglücklich in die flackernde Kerze. Der Kothaufen, der das Haus umgab, hatte alle Fenster verdunkelt.

„Hier kommen wir nie raus", jammerte Gemma.

„Höchstens …", murmelte Tracy, „sie haben den Schornstein nicht verstopft." Sie rannte zum Kamin und sah hinauf. „Ich kann den Himmel sehen!", rief sie. „Wir können im Schornstein hinauf!"

Es war viel Kletterei und Geschiebe, doch endlich saßen die beiden Mädchen oben auf dem gemauerten Schornstein. Fassungslos sahen sie auf das Haus, das in einem Berg aus Vogelkot versunken war. Der Schornstein war der einzige Anhaltspunkt dafür, dass unter dem Berg ein Haus war.

„Sieh mal", sagte Gemma mit ausgestreckter Hand. „Die durchsichtige Möwe." Sie saß allein auf einer öden Klippe und starrte mit durchdringendem Blick zu den Zwillingen hinüber. „Sie will was", sagte Gemma leise.

„Und ich weiß auch was", sagte Tracy. „Warte hier." Sie ließ sich noch einmal im Schornstein hinunter, und kurz darauf tauchte sie mit der ausgestopften Möwe wieder auf.

„Sieh dir diese Geistermöwe mal genau an", keuchte Tracy. „Sie hat nur ein Bein. Und sie hat schwarze Flecken auf den Flügeln. Und schau mal, wie groß sie ist. Sie ist dieser Vogel." Tracy hielt die ausgestopfte Möwe hoch. „Sie ist der Geist dieser ausgestopften Möwe. Er will seinen Körper wiederhaben. Er mag nicht ausgestopft und allein in einem Haus stehen. Sein Körper soll zur Natur zurück."

„Okay", rief Gemma der starrenden Möwe zu. „Du kannst ihn haben. Wir wollen ihn nicht. Aber erst mal müssen wir hier runter." Die Mädchen rutschten, schwammen und glitten, bis sie auf dem Grund der stinkigen Matsche waren. Dann gingen die beiden Schwestern – zwei übel riechende weiße Gespenster – mit dem ausgestopften Vogel in der Hand langsam zum Rand der Klippe. Dort saß die Geistermöwe und beobachtete sie.

Tracy befreite die ausgestopfte Möwe von dem Brettchen, auf dem sie stand, und warf sie über die Klippe in die Luft, die sie einmal so geliebt und in der sie gelebt hatte. Ihre Flügel öffneten sich in der frischen Brise, sie kreiste langsam wie ein Segelflugzeug, und nach vielen Wendungen krachte sie gegen einen Felsen in der wogenden Brandung.

Die Geistermöwe hob sich langsam in die Luft, ließ sich ebenfalls zum Wasser hinunter und landete schließlich auf dem steifen, ausgestopften Körper.

„Schau mal", flüsterte Tracy voll Entsetzen. „Die Geistermöwe hackt nach der ausgestopften. Sie hackt ihr den Kopf ab."

Eine Welle schwappte über den Felsen und die ausgestopfte Möwe verschwand im Schaum. Die Geistermöwe schwang sich in die Luft, dann flog sie über die Köpfe der Mädchen. „Sie bombardiert uns", schrie Gemma und verschränkte die Arme über ihrem Kopf.

Neben ihnen schlugen hart zwei kleine Teilchen auf die Erde.

„Die Augen der ausgestopften Möwe", sagte Tracy mit heiserer Stimme.

„Nein", erwiderte Gemma. „Es sind Dads Rubine."

Wie betäubt saßen sie da und starrten wortlos auf die roten Edelsteine zu ihren Füßen.

Tracy sah hinauf. „Vielen Dank, Geistermöwe!", rief sie.

Aber der Vogel war nicht mehr da und ihre Worte wurden vom weiten Meer unter ihnen verschluckt.

Snookle

1

Snookle wurde eines Morgens mit der Milch geliefert.

Vier Halbliterflaschen standen vor der Haustür; in dreien war Milch, in einer war Snookle.

Aus seinem gläsernen Gefängnis schaute er mich traurig an. Ich konnte erkennen, dass er lebendig war, auch wenn er es sich nicht anmerken ließ und sich nicht rührte. Er erinnerte mich an einen Kettenhund, der – allein durch seinen unglücklichen Blick – seinem Herrn ein schlechtes Gewissen einjagt. Snookle wollte gern aus dieser Milchflasche, aber er rechnete nicht ernsthaft mit seiner Befreiung. Er sagte nichts, starrte mir nur wortlos in die Augen.

Die drei vollen Flaschen verstaute ich im Kühlschrank und Snookle und seine enge Behausung stellte ich auf den Tisch. Dann setzte ich mich davor und betrachtete ihn aufmerksam. Ich konnte weiter nichts erkennen als große, trübsinnig blickende Augen. Er musste doch auch einen Körper haben, aber der war nirgendwo zu sehen. Ungefähr fünfzehn Zentimeter über dem Grund der Flasche schwebten die Augen einfach in der Luft.

Mum und Dad waren schon zur Arbeit aus dem

Haus, von ihnen konnte ich keine Hilfe erwarten. Ich schüttelte die Flasche leicht, da sprangen die Augen herum wie zwei kleine Gummibälle. Der melancholische Ausdruck wurde panisch und die Augen blinzelten ein paar Mal, bevor sie wieder in ihre vorherige Position zurückkehrten.

„Entschuldigung", sagte ich. „Ich wollte dir nicht wehtun." Es kam keine Antwort, nur ein langer, vorwurfsvoller Blick.

„Woher kommst du?", fragte ich. „Und wie kommst du hierher? Was für ein Wesen bist du? Wie heißt du?" Ich bekam keine Antwort auf meine Fragen. Tatsache war, dass seine Augen langsam zufielen. Er schlief ein.

Ein grässlicher Gedanke kam mir. Was, wenn er starb? In einer Milchflasche ist nicht viel Luft. Falls er ein atmendes Wesen war, könnte er ersticken. Ich dachte daran, die Flasche zu öffnen und ihn herauszulassen. Aber damit könnte ich in große Schwierigkeiten kommen. Er würde vielleicht nicht wieder zurück in die Flasche gehen und er könnte gefährlich sein. Er könnte mich beißen oder eine fürchterliche Krankheit übertragen, die die ganze menschliche Rasse vernichtet. Er könnte sich davonmachen und Tod und Krankheiten verbreiten, überall, wohin er ging.

Ich ging zum Fenster und sah hinaus. Vielleicht kam einer auf dem Weg zur Schule vorbei. Zwei Köpfe waren besser als einer, besonders falls das Ding in der Flasche mich angreifen würde. Dann erinnerte ich mich. Es war ja Zeugniskonferenz und da war keine Schule. Der einzige Mensch auf der Straße war die arme alte Mrs McKee, die gerade über ihre Treppenstufen gehumpelt kam, um ihre Milch zu holen. Sie wäre mir keine große Hilfe. Sie hatte Arthritis, und sie konnte immer nur eine Milchflasche auf einmal tragen. Vom Gartentor zur Haustür schlurfen – dazu brauchte sie eine halbe Stunde.

An den Wochenenden ging ich manchmal zu ihr, weil ihre Hände so schwach waren, dass sie allein nichts mehr zu Stande brachte. Ihr Garten war von Unkraut überwuchert und ihre Fenster waren schmutzig. An ihrem Haus blätterte die Farbe ab. Einmal hörte ich Mum sagen, Mrs McKee müsse wohl bald in ein Altersheim, weil sie ihre Finger nicht mehr bewegen konnte. Nein, Mrs McKee wäre mir keine Hilfe, falls die Augen in der Flasche gefährlich werden sollten.

2

Ich sah mir meinen Besucher noch mal an. Seine Augenlider hingen herunter. Jeden Moment konnte er tot sein. Ich wollte es riskieren. Mit einem Ruck zog ich den Metalldeckel von der Flasche.

Der Ausdruck der Augen veränderte sich. Er wirkte glücklich. Dann bewegten sich die Augen langsam zum Flaschenhals. Obwohl ich keinen Körper sehen konnte, war ich überzeugt, dass die kleine Kreatur in der Glasflasche hochkletterte. Die Augen tauchten aus der Flasche auf und schwebten dicht über dem Rand. Er saß oben auf der Flasche und sah mich fröhlich an. Ich konnte weder seinen Mund sehen noch sonst einen Teil von seinem Gesicht, aber ich wusste, dass er lächelte.

„Wie heißt du?", fragte ich. Kann sein, es ist ziemlich verrückt, mit einem unbekannten Wesen zu reden, als könne es antworten, aber ich hatte so ein Gefühl, als ob es mich verstand. Trotzdem schockte es mich, als der Kleine tatsächlich antwortete. Er gebrauchte keine Wörter und keine Sprache. Ich konnte ihn in meinem Kopf hören.

Das Wort „Snookle" kam mir in den Sinn.

„Wer bist du, Snookle?", fragte ich. „Und was willst du?"

Wieder antwortete er, ohne zu sprechen. Seine Antwort sickerte in meine Gedanken. „Ich bin dein Diener. Jeder deiner Wünsche ist mir Befehl." Das waren nicht ganz genau seine Worte, weil er ja keine Worte benutzte, aber mehr oder weniger meinte er genau das. Besonders das mit meinen Wünschen, die ihm Befehl seien. Das fand ich als Nächstes heraus – er konnte meine Gedanken lesen. Er wusste, was ich wollte, ohne dass ich ein Wort sagte.

3

Plötzlich knurrte mir der Magen. Ich war hungrig. Die Augen schwebten quer über den Tisch hin zur Speisekammer. Snookle konnte fliegen. Dann erlebte ich, wie langsam ein Paket Cornflakes und ein Schälchen angeflogen kamen, die Augen dicht dahinter. Der Kühlschrank ging auf und die Milch kam auf dieselbe Weise an. Cornflakes und Milch wurden in das Schälchen geschüttet und Zucker dazu. Genau die richtige Menge und genau so, wie ich es gern mochte. Toll. Er wusste, dass ich frühstücken wollte, und er holte es für mich, ohne dass ich es ihm sagen musste. Erst mal ließ ich es stehen, weil ich meine Cornflakes gern matschig mag.

Zwischendurch wollte ich Snookle für etwas anderes ausprobieren. Ich dachte daran, die Zeitungen vom Briefkasten hereinzuholen. Snookle schwebte zur Haustür und öffnete sie. Dann blieb er in der Luft stehen. „Weiter", sagte ich. „Raus mit dir."

Die Augen bewegten sich von einer Seite zur anderen. Er schüttelte den Kopf. Ich schaute aus der Tür und sah einen Mann auf einem Fahrrad. Sobald der Radler vorbei war, flog Snookle hinaus und holte die Zeitungen. Ich begriff. Snookle wollte von niemandem gesehen werden, außer von seinem Herrn. Ich war sein Herr, weil ich ihn aus der Flasche gelassen hatte. Nur mir zeigte er sich.

Gefolgt von Snookle ging ich wieder in mein Zimmer. Seine bevorzugte Höhe war ungefähr zwei Meter über der Erde. Ich beschloss, meine Stretch-Jeans anzuziehen, weil an diesem Tag keine Schule war. Im selben Augenblick, als mir der Gedanke kam, flitzte Snookle zum Kleiderschrank. Per Luftpost wurden meine Jeans, T-Shirt und Unterwäsche geliefert und ordentlich auf das Bett gelegt.

Das Folgende überraschte mich aber doch etwas. Snookle zog mir den Schlafanzug aus und begann mich anzuziehen. Ich kam mir ziemlich albern vor. Wie ein kleines Kind, das von seiner Mutter angezogen wird. Ich spürte lange Finger, kalt und dünn, auf meinem Körper.

„Lass das, Snookle", sagte ich. „Du brauchst mich nicht anzuziehen." Er hörte nicht darauf. Da begriff ich, dass Snookle einem half, ob man es wollte oder nicht.

Meine Nase kribbelte. Ich merkte, dass ich gleich niesen musste. Schnell wie der Blitz zog Snookle mein Taschentuch heraus und hielt es mir an die Nase. Ich nieste in das Taschentuch und sagte: „Danke, war aber nicht nötig."

Dann ging ich wieder in die Küche zu meinem Frühstück. Snookle schnappte sich den Löffel. Ich versuchte, ihn wieder zu erwischen, aber Snookle war zu schnell für mich. Er tauchte den Löffel in die Cornflakes und schob ihn mir in den Mund. Ich presste die Lippen zusammen, weil er mit dem Unsinn aufhören sollte, aber er drückte sie mit seinen frostigen, unsichtbaren Fingern auf und schob den nächsten vollen Löffel hinein. Er fütterte mich mit der ganzen Portion Cornflakes, als wäre ich ein Baby.

Jetzt werdet ihr hoffentlich Verständnis für das Folgende aufbringen. Ich bin eigentlich kein Nasenpopler, aber ab und zu muss es halt sein. Meine Nase kribbelte noch ein bisschen, und da musste ich unwillkürlich ans Popeln denken. Ich hätte bestimmt nur mal ganz kurz, nicht mehr als ihr. Wie auch immer, bevor ich piep sagen konnte, fuhren mir diese kalten, unsichtbaren Finger in die Nase und popelten für mich.

Snookle popelte in meiner Nase! Beinahe wäre ich ausgerastet. Ich schrie und versuchte ihn rauszudrücken, aber er war zu stark.

Danach wurde es immer schlimmer. Snookle wollte

mich nichts mehr allein machen lassen. Nicht einen Handgriff.

4

Ich ging wieder in die Küche und setzte mich. Das konnte einfach nicht so weitergehen. Ich sah meine Zukunft mit Snookle vor mir, der alles für mich tat. Einfach alles. Er musste weg. Möglichst schnell.

Ich ließ ein paar Cornflakes in die leere Milchflasche fallen und überlegte angestrengt, wie ich sie rauskriegen sollte. Snookle schwebte hin und ließ sich in die Flasche gleiten, um sie herauszuholen. Wie ein geölter Blitz schob ich den Deckel auf die Flasche, bevor Snookle wusste, wie ihm geschah. Er war gefangen. Er versuchte nicht mal zu entkommen, sah mich nur mit traurigen, anklagenden Blicken an, als hätte er eben nichts Besseres von mir erwartet.

Jetzt wusste ich nicht, was ich machen sollte. Ich wollte Snookle nicht für den Rest seines Lebens in der Flasche eingesperrt lassen, aber ich wollte auch nicht, dass er wie eine Klette an mir hing und mir die Nase putzte. Ich sah zum Fenster hinaus. Die gute alte Mrs McKee hatte es geschafft, mit einer ihrer Milchflaschen ins Haus zurückzukehren. Gleich würde sie den beschwerlichen Weg zum Briefkasten ein weiteres Mal antreten.

Ich nahm Snookle und ging langsam mit ihm über die Straße. Dann stellte ich ihn in seiner Flasche vor Mrs McKees Haus. Mit einer Hand griff ich nach der vollen Flasche, mit der anderen winkte ich Snookle noch einmal zu. Seine Augen starrten mich stumm und traurig an.

Das war das Letzte, was ich von Snookle sah.

In den nächsten Tagen gingen bemerkenswerte Veränderungen in Mrs McKees Haus vor sich. Der Rasen wurde gemäht und die Blumenbeete wurden gejätet. Die Fenster wurden geputzt und jemand strich das Haus an. Die Leute in der Straße fanden das seltsam, weil sie nie jemanden bei der Arbeit sahen.

Ungefähr eine Woche später besuchte ich Mrs McKee. Sie schien sehr glücklich. Wirklich, sehr glücklich.

Eismädchen

1

Um Rothaarige habe ich früher einen großen Bogen gemacht.

Versteht mich jetzt nicht falsch und nennt mich Kindskopf oder so. Hört zu, was ich euch erzähle, und trefft dann euer Urteil.

Alles fing mit Mr Mantolini und seinen Skulpturen an.

Die waren echt sagenhaft, Mr Mantolinis gefrorene Statuen. Er schnitt sie aus Eis und stellte sie in das Schaufenster seines Fischladens am Hafen. Jeden Monat eine neue Eisstatue.

Mal war es ein prächtiger Pfau mit gefächertem Schwanz. Dann vielleicht ein Riesenfisch an einer Angelschnur, der sich zu Tode zappelte. Eine meiner Lieblingsstatuen war ein Känguru mit einem Kleinen, das aus dem Beutel linste.

Aber die ganze Sache war auch ein bisschen traurig. Am ersten Tag jeden Monats trug Mr Mantolini die ausgediente Statue durch den Hinterausgang hinaus und warf sie in eine enge Gasse, wo sie zerschmolz, einen feuchten Fleck auf der Erde hinterließ und versickerte.

Dann kam immer ein neues Kunstwerk ins Schaufenster. Blau und silbrig funkelnd wie aus einem Stück Antarktis-Eis geschnitten.

Jeden Morgen auf meinem Schulweg blieb ich stehen, um Mr Mantolinis Statue zu betrachten. Und am Ersten des Monats war ich auch nach der Schule immer dort, um mir die neue anzusehen. Nie brachte ich es übers Herz, um das Haus herumzugehen, wo das Kunstwerk von gestern im Dreck zerfloss.

„Warum werfen Sie sie raus?", fragte ich ihn eines Tages.

Mr Mantolini zuckte mit den Schultern. „Du leben. Du sterben", sagte er.

Mr Mantolini holte tief Luft. Jetzt würde er *mich* etwas fragen. Wieder dieselbe Frage, die er mir seit Wochen jeden Tag stellte. „Meine Cousin Tony kommen von Italien. Nächste Monat. Du mit zur Schule nehmen. Du Freund. Meine Cousin haben rote Haare. Wirst du machen?"

Ich antwortete wie immer. „Tut mir Leid", sagte ich. „Das wird nicht gehen." Ich konnte ihm nicht sagen, dass es deshalb nicht ginge, weil ich rote Haare nicht ausstehen kann. Schließlich wollte ich nicht seine Gefühle verletzen.

Er stand da und sagte kein Wort. Er war enttäuscht von mir, denn wir waren Freunde. Er wusste, wie sehr mir seine Eisstatuen gefielen, und er kam immer heraus und sprach mit mir darüber. „Du komische Junge", sagte er kopfschüttelnd und ging langsam in seinen Laden zurück.

Mir war, als hätte ich Tränen in Mr Mantolinis Augen gesehen. Ich ahnte, dass ich wieder alles verkehrt gemacht hatte. Und es tat mir Leid. Aber ich wollte keinen Rothaarigen als Freund.

2

Den ganzen Tag über hatte ich ein schlechtes Gewissen und fühlte mich jämmerlich. Doch nach der Schule besserte sich meine Laune. Es war der erste September. Eine neue Eisstatue würde im Fenster stehen. Das war immer etwas, worauf man sich freuen konnte.

So schnell wie möglich rannte ich zum Fischladen und starrte durch die Glasscheibe. Unglaublich, was ich da sah. Die Eisstatue eines Mädchens. Sie erinnerte mich an eine dieser griechischen Skulpturen, wie man sie in Museen sieht. Sie hatte langes, wirres Haar. Und lächelnde Lippen. Ihre Augen funkelten wie gefrorene Diamanten. Ich sag euch was: Dieses Eismädchen war einfach umwerfend. Es war fantastisch.

„Bist du schön!", hauchte ich. „Wunderschön."

Natürlich war das Mädchen nur eine Statue. Es konnte mich nicht sehen oder hören. Es war einfach ein lebensgroßes Eismädchen, das zwischen den toten Fischen im Schaufenster stand. Die Statue stand im Innern eines gläsernen Eisschranks, der sie kalt hielt. Ihre Wangen waren mit Reif bedeckt.

Eine Ewigkeit stand ich da und starrte sie an. Ich weiß, das war dämlich. Hätte jemand gewusst, was ich gerade dachte – ich wäre gestorben. Wie peinlich. Ich war verknallt in ein Stück EIS.

Jeden Tag ging ich nun zum Fischladen. Ich kam zu
spät zur Schule wegen des Eismädchens. Jede Minute
meiner Freizeit verbrachte ich vor dem Schaufenster.
Ich war wie hypnotisiert. Das Lächeln des Eismädchens schien nur für mich gemacht. Seine ausgestreckte
Hand lockte. „Bleib bloß auf dem Boden", sagte ich
mir. „Was machst du denn da? Du Blödmann!" Mir
war klar, dass ich verrückt war, aber etwas zog mich
immer wieder zum Fischladen hin.

Mr Mantolini wich meinen Blicken aus. Er war
böse mit mir.

Ich stellte mir vor, das Eismädchen wäre meine
Freundin. Ich erzählte ihm meine Geheimnisse. Obwohl es aus Eis war, hatte ich das törichte Gefühl, dass
es alles verstand.

Mr Mantolini sah, wie ich das Eismädchen mit meinen Blicken verschlang. Aber er kam nicht heraus. Und
immer, wenn ich den Laden betrat, um für Mum Fisch
zu kaufen, schlüpfte er durch die Hintertür hinaus und
schickte seinen Gehilfen, der mich bedienen musste.

3

Die Tage verstrichen. Wochen gingen vorbei. Das Eismädchen lächelte und lächelte. Es veränderte sich
nicht. Die anderen Jungen hielten mich für bekloppt,
wie ich so dastand und einen Klumpen Eis anglotzte.
Aber die Statue hatte einfach Macht über mich – wirklich. Allmählich fingen die Kinder an, mich zu ver-
spotten. „Der ist verliebt", sagte ein Mädchen namens

Simone. Ich musste eine Menge Sticheleien in der Schule einstecken, aber trotzdem starrte ich immer wieder in dieses Schaufenster.

Während die Tage vergingen, wurde ich immer trauriger. Ich wollte das Eismädchen mit nach Hause nehmen. Wollte es für immer behalten. Doch sobald es aus seinem Glaskasten heraus und in der warmen Luft wäre, würde sein lächelndes Gesicht schmelzen und sich tröpfelnd auflösen.

Ich fürchtete den ersten Oktober. Dann würde Mr Mantolini das Eismädchen herausnehmen und auf die Gasse werfen. Damit sie von den warmen Sonnenstrahlen zerstört würde.

Am letzten Septembertag wartete ich, bis Mr Mantolini im Laden bediente. „Sie dürfen sie nicht rausschmeißen!", schrie ich los. „Sie ist zu schön. Sie ist wie echt. Sie dürfen einfach nicht! Das können Sie nicht machen!" Fast hätte ich gesagt: „Ich liebe sie", aber das wäre schön dumm gewesen.

Mr Mantolini sah mich an und zog die Schultern hoch. „Du leben. Du sterben", sagte er. „Sie Eis. Sie kalt. Sie Wasser."

Ich wusste, dass es keinen Zweck hatte. Morgen würde Mr Mantolini das Eismädchen auf die Gasse werfen.

Am nächsten Tag schwänzte ich die Schule. Ich versteckte mich im Gässchen und wartete. Die Minuten zogen sich hin. Die Stunden schienen zu schleichen. Doch dann tauchte wie erwartet Mr Mantolini mit dem Eismädchen auf. Er ließ sie neben den Mülltonnen auf den Boden fallen. Ihre letzte Ruhestätte sollte also zwischen verfaulten Fischköpfen in einer öden Hintergasse sein!

Mr Mantolini verschwand wieder im Laden. Ich lief hastig zu meinem Eismädchen. Sie war immer noch reifbedeckt und hatte eine klebrige, gefrorene Haut.

Mein Plan war, sie zum Metzger zu bringen. Ich würde es ihm bezahlen, wenn er das Eismädchen in seinem Gefrierschrank aufbewahrte, wo ich sie jeden Tag besuchen konnte. Gefragt hatte ich ihn noch nicht. Aber er konnte doch wohl nicht Nein sagen, oder?

Die Sonne stieg höher. Ich musste mich beeilen.

Noch hatte das Eismädchen seine Gestalt. Noch streckte es die Hand aus. Es schien zu wissen, dass seine Zeit gekommen war. „Keine Angst", sagte ich. „Ich rette dich."

Ich weiß auch nicht, was über mich kam. Ich tat etwas völlig Verrücktes. Vorsichtig beugte ich mich über das Eismädchen und küsste es sanft auf den Mund.

4

Es war ein langer Kuss. Der längste Kuss, den es in der Weltgeschichte je gegeben hat. Meine Lippen hafteten an ihren. Mein Fleisch fror am Eis fest. Wie kalte Nadelstiche betäubte der Schmerz meine Lippen. Ich versuchte sie wegzuziehen, aber ich konnte nicht. Der Schmerz trieb mir das Wasser aus den Augen. Tränen rannen mir das Gesicht herab und über die Wangen des Eismädchens.

Wir küssten weiter. Küssten und küssten uns. Ich

wollte meinen Mund wegziehen, aber weil ich mich um das Eismädchen sorgte, wollte ich meine Lippen nicht einfach wegreißen und auf ihren blutige Hautfetzen hinterlassen als schmerzhafte Erinnerung meiner Verrücktheit. Da stand ich nun, küsste Eislippen und war unfähig, mich zu bewegen.

Ich versuchte um Hilfe zu rufen, aber ich konnte nicht sprechen. Dumpfes Grunzen kam aus meiner Nase. Schreckliche nasale Laute. Niemand kam mir zu Hilfe. Meine Grunzgeräusche hallten in der engen Gasse.

Ich packte das Eismädchen und stemmte es hoch. Es war schwer. Sein Körper war immer noch frostklebrig. Meine Finger blieben haften. Die Statue war meine Gefangene. Und ich ihrer.

Die Sonne wärmte mir den Rücken. Tränen der Verzweiflung standen in meinen Augen. Wenn ich hier abwartete, würde die Statue schmelzen. Ich wäre dann frei, aber das Eismädchen verschwunden. Tröpfelnd würden sich seine hübsche Nase und das Kinn in nichts auflösen.

Aber der kalte Griff des Eismädchens war entsetzlich. Seine lächelnden Lippen brannten mir ins Fleisch. Meine Nasenspitze war gefroren. Ich rannte aus der engen Gasse auf die Straße. An einer Bushaltestelle am Ende des Piers wartete eine Gruppe von Leuten. „Hilfe, macht mich los! Aber beschädigt das Eismädchen nicht!", wollte ich rufen.

Aber was herauskam, war: „Nmn, nnmm mmnn!"

Die Leute sahen mich an, als ob ich übergeschnappt wäre. Ein paar lachten. Sie dachten, ich spiele einen

Narren. Einen Idioten, der so tat, als küsse er eine Statue.

Ich lief zu Mr Mantolinis Laden hinüber und wollte mit dem Fuß gegen das Fenster klopfen. Dabei musste ich auf einem Bein balancieren, während ich das Eismädchen in den Armen hielt und es gleichzeitig krampfhaft küsste. Mit einem knirschenden Geräusch ging ich zu Boden. Oh Qual, oh Elend, oh Schmerz! Meine Lippen, meine Finger, meine Knie!

Von Mr Mantolini keine Spur. Er musste im Raum hinter dem Laden sein.

5

Was nun? Ich sah aufs Meer hinaus. Wenn ich ins Wasser spränge, würde das Eis schmelzen. Meine Lippen und Finger wären wieder frei. Das Eismädchen jedoch würde schmelzen. „Lass mich los", flüsterte ich im Geist. Aber das Eismädchen antwortete nicht.

Meine Hände waren taub. Erbarmungslos stachen mich eisige Nadeln. Ich lief auf den Landungssteg zu. Wieder sprach ich mit meinem Eismädchen. Wortlos. „Es tut mir Leid, es tut mir Leid, Leid, Leid."

Ich lief über den Landungssteg. Weiter und weiter. Meine Füße hämmerten im Rhythmus meiner Gedanken. „Leid, Leid, Leid."

Ich blieb stehen und starrte in die Wellen hinunter. Dann presste ich die Augen zu und sprang – immer noch das eiskalte Mädchen an die Brust gedrückt. Ich fiel und fiel. Einen gefrorenen Moment lang schwebte ich über dem Meer. Und unter Gurgeln und Stöhnen lieferte ich das Eismädchen seinem Verhängnis aus.

Die Wogen schlugen über uns zusammen. Das warme Wasser trennte uns die Lippen. Meine Finger lösten sich von ihrem Körper. Wie eine leere Flasche schoss ich nach oben und sah das Eismädchen davontreiben. Seine Augen waren schon nicht mehr vorhanden. Das Haar ein glasiges Geflecht. Das lächelnde Mädchen lächelte nicht mehr. Es war nur noch ein Klumpen Eis, der in den Wellen zerging.

„Nein!", schrie ich. Mein Mund füllte sich mit Salzwasser und ich sank.

Man sagt, wenn man am Ertrinken ist, zieht in Blitzesschnelle das bisherige Leben an einem vorbei. Das stimmt tatsächlich. Ich durchlebte noch einmal entsetzliche Momente. Ich erinnerte mich an die Zeit in einer kleinen Landschule, als ich noch ein Knirps war. Und der einzige Rothaarige. Ich sah den Schultyrannen Johnson vor mir, wie er mich jeden Tag piesackte. Ich saß wieder in der Mittagspause auf der Schulbank – allein und ausgeschlossen. Ich durfte nicht mit den andern herumtoben. Nur weil Johnson rote Haare nicht leiden konnte! Wieder hörte ich, wie er mir ‚Karotte' und ‚Feuerteufel' nachrief. Das waren die letzten Gedanken, die mir durch den Kopf schossen, bevor die Welt in salzigem Dunkel versank.

Aber ich ertrank nicht. Mein Haar war meine Rettung. Sicher war es leicht, mein gekräuseltes Haar zu entdecken, das – wie vom Grund des Meeres hoch geschwemmter rötlicher Seetang – auf dem Wasser trieb.

Mr Mantolini zog mich heraus. Er und sein Cousin. Ich hörte, wie er mit ihm sprach. Obwohl ich erst halb wieder bei Bewusstsein war. „Du leben. Du noch nicht sterben."

Ich wollte meine Augen nicht aufmachen. Es zerriss mir das Herz, wenn ich daran dachte, was ich dem Eismädchen angetan hatte. Ich lebte, aber sie war tot. Fort für immer.

Am Ende sah ich doch auf. Ich starrte meine Retter an. Mr Mantolini und seinen Cousin.

Der Cousin war eine Cousine und sie hatte wirres rotes Haar. Und lächelnde Lippen. Ihre Augen funkelten wie gefrorene Diamanten. Ich sag euch was: Dieses Mädchen Tony war einfach umwerfend. Es war fantastisch.

„Bist du schön", hauchte ich. „Wunderschön."

Mr Mantolinis Eisstatue war großartig gewesen. Aber nicht so großartig wie das echte Mädchen. Es war ja nur eine Kopie seiner Cousine Tony gewesen. Ich lächelte zu ihr hoch. Und sie lächelte zurück. Ein echtes Lächeln.

In dem Augenblick habe ich kapiert, dass es nichts ausmacht, wenn ein Eismädchen schmilzt. Und dass es erst recht nichts ausmacht, wenn ein schönes Mädchen rote Haare hat.

Sieger

Langsam watete Li Foo ins Wasser und stieß dabei das kleine Floß vor sich her. Er wischte sich eine Träne aus dem Auge und, erfüllt von Traurigkeit, band er eine Flasche an den Mast. Dann gab er dem Floß einen Schubs in die offene See hinaus und stapfte an die felsige Küste zurück. Das Floß trieb langsam der unendlichen Weite des Indischen Ozeans entgegen. Li Foo wusste, dass er es nie wieder sehen würde.

1

Aufgeregt schlug Sean mit seinen Flügeln. Zum Strand hinunter war es ein ganzes Stück. Alles war gut vorbereitet. Die Federn ordentlich angeklebt. Die hölzernen Verstrebungen stabil. Aber würde er fliegen? „Mach schon!", sagte Spider. „Es gibt nur eine Möglichkeit, wie wir's rauskriegen." Deefa kläffte begeistert und rannte den Jungen – in Erwartung des Spektakels – vor den Beinen herum.

„Du hast leicht reden", sagte Sean. „Du machst nicht mit beim Wettbewerb." Unvermittelt rannte er auf den Höhenrücken der Sanddüne los und sprang ab. Er stürzte sich in die Luft und ruderte heftiger.

„Nein!", schrie er gellend. Er stürzte ab, kugelte über den Sand und blieb bewegungslos liegen.

Spider rannte zu ihm. „Alles in Ordnung?", brüllte er. Sean reckte sein sandbedecktes Gesicht und nickte. Er machte seine Flügel ab und ließ sie im Sand liegen.

„Das klappt nie", sagte Spider. „So gewinnst du den Flugwettbewerb nie. Du kannst unmöglich mit diesen Dingern vom Hafendamm springen!"

„Egal", sagte Sean. „Ich hol mir heute Nachmittag Onkel Jeremys Flugdrache. Das ist ein richtiger Hanggleiter. Pass auf, wie ich damit über die Wellen fliege! Dieses Jahr wird Buggins mal nicht gewinnen!"

Die Jungen schlenderten am Rand des Wassers entlang. Zuerst bemerkte keiner von beiden das Floß.

Plötzlich schlug Sean hintereinander sechs Räder auf dem Strand. „Nachmachen!", rief er.

„Ist doch gar nichts!", sagte Spider. „Pass auf!" Er versuchte auf den Händen zu stehen, knickte aber ein und fiel aufs Gesicht. Er rappelte sich auf und spuckte Sand aus. „Das zählt nicht", sagte er grinsend. Dann machte er noch einen Versuch und wieder erging es ihm wie beim ersten Mal. Sein Gesicht war voller Sand. Wie oft er es auch versuchte – Spider brachte einfach kein Rad zu Stande. Nicht um alles in der Welt.

„Schwach!", sagte eine laute Stimme.

Sie sahen auf. Es war Buggins. Der große, dicke Buggins, hoch zu Ross auf Devil, seinem großen, dicken Pferd. Er ließ Devil an Sean und Spider vorbeigehen, dann drängte er ihn rückwärts zwischen sie. Das Pferd strauchelte und wirbelte mit den Hufen Sand auf. Sean und Spider fielen rücklings in die Wellen.

Mit einem hinterhältigen Grinsen sah Buggins auf sie herab. Dann nickte er zu Seans Flügeln am Strand hinüber. „Mit den Dingern gewinnst du nie!", höhnte er. „Pass auf mich auf morgen! Ich hol mir wieder den Preis, keine Frage!"

Er stieß sein Pferd in die Flanken und galoppierte über den Strand. „Oh nein!", schrie Sean auf. „Der gemeine Dreckskerl!"

Buggins galoppierte direkt auf Seans Flügel zu. Devils Hufe hämmerten auf die Federn und Kunststoffteile – und schon waren die Flügel in Stücke zerfetzt.

Fassungslos starrten Sean und Spider zu ihm hinüber. Die Flügel waren ruiniert. Und um alles noch schlimmer zu machen, ließ Devil einen Haufen dampfender Pferdeäpfel drauffallen.

Deefa liebte Pferdemist. Er kläffte zweimal, dann steckte er den Kopf hinein. Wühlte sich mit der Nase in das eklige Zeug. Rieb auch seine Ohren gründlich ein. Es war das Himmelreich für einen Hund.

Ein Stück entfernt blieb Buggins stehen. Hoch auf Devil fühlte er sich sicher.

„Na warte!", schrie Sean. „Warte ab!" Es war eine leere Drohung und er wusste es. Aber er war so wütend, dass ihm einfach nichts Besseres einfiel. Buggins ließ ein gemeines Lachen hören und galoppierte über den Strand davon. Niedergeschlagen sah Sean ihn verschwinden.

„Keine Sorge", sagte Spider. „Du hast ja noch den Hanggleiter von deinem Onkel. Sowieso haben die Flügel nicht funktioniert."

Plötzlich sah Sean etwas. „Sieh mal!", schrie er.

„Dort drüben!" Er zeigte auf eine Stelle, wo die Kante eines kleinen Floßes aus dem Sand ragte.

2

Spider fing an, mit den Händen den Sand wegzugraben. Sean kam ihm zu Hilfe. „Wow!", machte Spider. „Möcht mal wissen, wo das herkommt!" Das Floß war von der Flut angeschwemmt worden. Nach vielem Zerren und Graben zogen sie es heraus. Sie begutachteten die an den Mast gebundene Flasche.

„Könnte was drin sein", meinte Spider. „Mach sie auf, Sean!"

Sean wischte den Sand von der Flasche. Sonderbare Schriftzeichen kamen zum Vorschein. Dazu ein Totenkopf und gekreuzte Knochen.

Ratlos sahen sie einander an. Keiner wollte der Erste sein und die Flasche öffnen. Schließlich griff Sean nach dem Stöpsel und zog dran. Mit einem Plopp schoss er heraus. Eine graue Rauchfahne zischte aus der Flasche. Spider zog sich zur Sicherheit ein Stück auf den Strand zurück. Kopfschüttelnd betrachtete Sean seinen Freund. Spider war ein guter Kerl, aber manchmal konnte er ein ganz schöner Feigling sein.

Vorsichtig band Sean die Flasche los und kippte sie. Ein Tier flutschte heraus. Ein steifes, hartes Tier, das wie eine Katze aussah.

Sie starrten auf den reglosen Körper. Die Augen waren geschlossen. Das Fell stumpf und drahtig. Die Beine hingen weg wie ausgebreitete Arme.

„Wow!" Sean stieß einen Pfiff aus. „Hab ich noch nie gesehen, so was!" Er drehte den Körper um. Innen war er hohl.

„Es ist eine Mütze!", sagte Spider. „Eine Katzenmütze. Lass mich mal probieren!" Er riss Sean die Katzenmütze aus den Händen.

„Mach sie nicht kaputt!", sagte Sean. „Kann sein, sie ist wertvoll!"

Spider stülpte sich die Katzenmütze auf den Kopf. Die Beine des Tiers baumelten ihm bis unter das Kinn. Es sah aus, als klammere sich die Katze an seinem Gesicht fest. Ulkig, wie sie auf Spiders Haar hockte.

„Lass mich mal!", sagte Sean. Spider schüttelte den Kopf. Die Mütze hatte es ihm angetan.

Sean lächelte vor sich hin. „Okay", sagte er. „Wie du willst."

Er stapfte auf die Stelle zu, wo seine Flügel lagen, und tat so, als hätte er keinerlei Interesse an der Katzenmütze. Dann schlug er noch mal fünf Räder – knapp an Spider vorbei.

DIE AUGEN IN DER KATZENMÜTZE KLAPPTEN AUF.
SIE SAHEN EINEN JUNGEN,
DER AUF DEM SAND RÄDER SCHLUG.
DIE AUGEN KLAPPTEN WIEDER ZU.

Spider, der die Katzenmütze noch auf dem Kopf hatte, sah mit einem merkwürdigen Blick zu Sean hin. Dann schlug er fünf perfekte Räder auf dem Sand. Sie waren super.

„Wow!", rief Sean. „Toll, Spider! Spitze!" Sean war

wirklich beeindruckt. Spider konnte plötzlich großartig Rad schlagen. Vor wenigen Augenblicken hatte er nicht mal auf den Händen stehen können!

Spider wirkte selbst ziemlich überrascht. Altklug schüttelte er den Kopf. „Kannst noch eine Menge von mir lernen, Sean!", sagte er. Dann strich er über die Katzenmütze auf seinem Kopf.

„Vielleicht bringt sie Glück", sagte Sean.

„Genau!", rief Spider. „Wie Kaninchenpfoten."

Sie gingen den Pfad hinauf und machten sich auf den Heimweg. Am Rand der Klippe stand ein dicker Mann und sah aufs Meer hinaus. Plötzlich machte er den Mund auf und rülpste laut.

Die Augen in der Katzenmütze klappten auf.
Sie sahen einen Mann, der rülpste.
Die Augen klappten wieder zu.

Spider wurde auf einmal schlecht. So als hätte er zum Frühstück ungefähr fünfzig Scheiben Fleischpastete gegessen. Er wollte schlucken, aber es ging nicht. Er wollte es unterdrücken – umsonst. Spider machte den Mund auf und ließ einen gewaltigen, lautstarken Rülpser los.

„Super!", rief Sean. „Ein Prachtrülpser!" Bewunderung lag in seiner Stimme. Spider war sehr zufrieden mit sich. Gewöhnlich brachte er nämlich keine besonderen Rülpser zu Stande.

An diesem Nachmittag gingen Spider und Sean zum Bahnhof hinunter, um Onkel Jeremys Flugdrache abzuholen. Spider hatte immer noch die Katzenmütze auf dem Kopf.

Der Kerl auf dem Bahnsteig benahm sich, als wären die Jungen gar nicht vorhanden – was bei Eisenbahnern nicht selten vorkommt. „Entschuldigung", sagte Sean. „Wir kommen wegen eines Hanggleiters." Der Kerl hörte überhaupt nicht hin. Er las einfach in seiner Zeitschrift weiter. Sean klopfte mit einer Münze auf das Fensterbrett. Wütend sah der Schalterbeamte hoch.

„Siehst du nicht, dass ich beschäftigt bin?", knurrte er mit tiefer Stimme. „Warte, bis du dran bist!" Sean und Spider sahen sich um. Außer ihnen war kein Mensch weit und breit da.

Nach einer Ewigkeit kam der Beamte an das Schalterfenster. „Wo ist deine Bescheinigung?", fragte er.

„Hab ich verloren", sagte Sean. „Aber der Hanggleiter ist an Sean Tuttle adressiert."

Und da musste Sean die schreckliche Nachricht hören: „Der Gleiter ist nicht da. Sean Tuttle hat ihn heute Vormittag abgeholt. Zusammen mit zwei anderen Jungen."

„Was?", schrie Sean auf. „Mit welchen Jungen?"

„Weiß ich nicht. Jungen eben."

„Buggins!", rief Sean.

„Und Thistle und Wolf", ergänzte Spider. „Die haben ihn geklaut!"

„Dafür sind Sie verantwortlich!", sagte Sean zu

dem Beamten. „Die Bahn muss ihn zurückgeben. Buggins hat keine Bescheinigung gehabt."

Der Beamte sah ihn durchdringend an. „Du auch nicht!", sagte er. „Verschwindet jetzt, ihr Kerle, und erzählt mir nicht, was ich zu tun habe!" Gleich würde er wütend werden.

DIE AUGEN IN DER KATZENMÜTZE KLAPPTEN AUF.
SIE SAHEN EINEN SCHALTERBEAMTEN, DER REDETE.
DIE AUGEN KLAPPTEN WIEDER ZU.

Plötzlich sprach Spider mit tiefer Männerstimme. Sie hörte sich genauso an wie die des Schalterbeamten. Eine schwere, dröhnende Stimme, die aus dem Mund eines Jungen kam. „Verschwindet jetzt, ihr Kerle!", sagte er. „Und erzählt mir nicht, was ich zu tun habe!"

„Sag ich doch!", schrie der Beamte. Mann, war der auf achtzig! Er machte einen Satz zur Tür hin. Da drehten sich Spider und Sean um und rannten davon, so schnell sie konnten.

„Das hättest du nicht machen sollen, Spider!", sagte Sean, als sie endlich zu rennen aufhörten.

„Es war die Mütze!", sagte Spider. „Die hat mich dazu gezwungen. Ihre Augen gehen auf und zu. Ich bin mir ganz sicher, vorhin bei dem Rülpser habe ich gehört, wie die Augen auf- und zugeklappt sind." Er nahm die Katzenmütze ab. „Da! Du kannst sie haben."

Seans Vater sah ein wenig verlegen aus, als sie nach Hause kamen. „Redet sie jetzt wieder mit dir?", fragte Sean. Sein Vater schüttelte den Kopf.

Sean musste lächeln. Armer Dad. Er steckte ziemlich in der Klemme. Das kam davon, dass er Sean die Teilnahme am Flugwettbewerb erlaubt hatte, ohne Mum zu fragen – und jetzt war sie böse auf ihn. Sie hielt es für zu gefährlich. Dad versuchte die Sache ins Lächerliche zu ziehen und Witze darüber zu reißen, aber sie verzog keine Miene.

„Buggins hat den Hanggleiter geklaut!", rief Sean.

Mr Tuttle hörte nicht zu. Besorgt sah er aus dem Fenster. Seine Frau näherte sich der Haustür. Er hielt den Finger an die Lippen. „Schscht!", machte er. „Kein Wort davon vor deiner Mutter!" Plötzlich entdeckte er die Katzenmütze. „Was um alles auf der Welt ist denn das?"

„Eine Katzenmütze", erklärte Sean. „Sie bringt Glück, wenn man sie aufsetzt."

Mr Tuttle nahm die Katzenmütze und stülpte sie über den Kopf. „Ein bisschen Glück kann ich heute ganz gut gebrauchen", sagte er grinsend. „Vielleicht heitert das Mum ein bisschen auf."

Dann passierte Verschiedenes gleichzeitig.

Die Tür ging auf und Mum kam herein. Sie sagte genau das Gleiche wie vorher Dad: „Was um alles auf der Welt ist denn das?"

Mr Tuttle mit einer toten Katze auf dem Kopf sah ja auch wirklich komisch aus.

Seans Mutter war nicht allein. Deefa hatte sich hinter ihr durch die Tür geschoben. Ein sehr hungriger Deefa. Er ließ zwei Kläffer los und trabte zu seiner Futterschüssel, die schon auf dem Boden stand. Sie war wohl gefüllt mit diesem ekelhaften Dosenfutter, wie es Hunde lieben. Eine Art wabbeliger Haufen aus bräunlichem Gelee. Deefa trabte also zu der Schüssel und machte sich laut schmatzend und gierig über das Zeug her.

DIE AUGEN IN DER KATZENMÜTZE KLAPPTEN AUF.
SIE SAHEN EINEN HUND,
DER AUS EINER SCHÜSSEL HUNDEFUTTER FRASS.
DIE AUGEN KLAPPTEN WIEDER ZU.

Ein seltsamer Blick erschien in Mr Tuttles Augen. Er ließ sich auf Hände und Knie fallen. „Wuff, wuff!", machte er. Er trottete zur Futterschüssel und fing an, mit Deefa das Hundefutter zu verschlingen. Sie leckten sich die Lippen und schlabberten wie verrückt.

Den Jungen fielen fast die Augen aus dem Kopf. Seans Mutter ging es nicht viel anders. Keiner konnte glauben, was er da sah. Mr Tuttle fraß widerliches, kaltes Hundefutter. Aus derselben Schüssel wie der Hund. Deefa knurrte. Mr Tuttle bellte zurück. Sie kämpften um das Hundefutter!

Plötzlich richtete sich Mr Tuttle auf und sah verstört um sich. Er wusste nicht, was geschehen war. Er war ratlos. Und sein Gesicht war mit Fleischsaft verschmiert, eklige Klumpen von dem Hundefutter hingen daran. „Ruth", keuchte er, „das wollte ich nicht.

Ich wollte nur …" Er verstummte. Er wusste nicht, was er sagen sollte. Dann grinste er.

Mrs Tuttle bemühte sich krampfhaft nicht zu lächeln, aber sie konnte es nicht länger zurückhalten. „Und was willst du zum Nachtisch?", fragte sie mit einem Kichern. Der Streit war ausgestanden. Sie redeten wieder miteinander.

Trotz alledem schien es Sean günstiger, den gestohlenen Hanggleiter nicht zu erwähnen. Damit mussten er und Spider allein fertig werden.

Sean warf einen Blick auf die Katzenmütze. Ihm war plötzlich ein Einfall gekommen, aber er verdrängte ihn. Sein Gleiter war weg. Buggins und seine Kumpel hatten ihn gestohlen. Das Leben war manchmal wirklich ungerecht.

5

„Wir müssen unser eigenes Fluggerät benutzen wie alle anderen", sagte Sean zu Spider. Sie gingen langsam an der Klippe entlang und hielten Ausschau nach Buggins.

„Was ist mit der Katzenmütze?", fragte Spider. „Sie macht alles nach. Sie klappt die Augen auf, und was sie in dem Moment sieht, macht sie nach. So viel weiß ich nun."

„Es ist gefährlich", gab Sean zu bedenken. „Man weiß nie, was sie gerade anschaut. Du hast ja gesehen, was Dad passiert ist."

„Wir könnten einen Plan machen", sagte Spider. „Wenn du die Katzenmütze aufhättest, und sie würde

ihre Augen aufmachen und etwas sehen …" Seine
Stimme wurde von einem Donnern übertönt. Sie sahen
beide auf – ein Düsenflugzeug jagte über den Himmel.

Bevor er gründlicher über den Plan nachdenken
konnte, entdeckte Sean, wonach er gesucht hatte. Buggins und seine Freunde.

Buggins nahm kurz Anlauf und schwang sich von
einer Sanddüne aus in die Luft. Er klammerte sich an
einen herrlichen rot-blauen Hanggleiter. Seans Hanggleiter. Buggins schwebte etwa drei Meter über der
Sandfläche, dann gelang ihm eine wacklige Landung
auf dem Strand. Wolf und Thistle stürmten zu ihm hinunter. „Große Klasse!", jubelte Thistle.

„Wir haben den Sieg!", rief Wolf.

„Meinen Sieg", sagte Sean entschieden. „Ihr habt
meinen Hanggleiter gestohlen!"

Buggins sah auf. „Was du nicht sagst!", spöttelte er.
„Ich hab seit Monaten darauf gespart. Frag meinen
Dad, wenn du willst!"

„Gib ihn her!", forderte Sean.

Buggins ballte seine Fäuste. „Komm doch und hol
ihn dir", rief er hämisch. Langsam und mit schweren
Schritten bewegte er sich auf Sean zu. Seine beiden
Freunde gingen neben ihm.

„Wir haben keine Angst vor euch!", rief Spider.
„Gib's ihnen, Sean!"

Buggins machte noch ein paar Schritte auf ihn zu.
Da gab es nur eins. Und das tat Sean. Er drehte sich um
und – rannte um sein Leben. Spider hinter ihm her. Wie
erniedrigend! Sean hörte Wolf, Thistle und Buggins
spotten, während er rannte.

Den Rest des Tages verbrachte Sean mit dem Versuch, die Vogelschwingen zu reparieren. Er nahm ganz neues Material. Kunststoff, Holz, Draht und Federn. Nach ein paar Stunden legte er sein Werkzeug beiseite. Er glaubte nicht mehr, dass er rechtzeitig fertig werden würde. Es blieb nur noch ein Tag Zeit und das war ein Schultag.

„Die fliegen nie", sagte Spider. „Diese Selbergemachten gehen doch immer kaputt. Wir brauchen was anderes. Ein bisschen Unterstützung." Er hielt die Katzenmütze hoch und zwinkerte.

6

„Auf keinen Fall!", sagte Sean. „Nicht, ohne sie vorher irgendwie zu testen."

Spider warf einen Blick auf die zerbrochenen Flügel. „Aber die sind doch hin", sagte er.

Sean nickte. „Also werden wir die Katzenmütze an etwas anderem ausprobieren müssen."

Am nächsten Tag nahm er die Mütze mit zur Schule.

Er hatte vor, sich auf der Aschenbahn des Sportplatzes herumzutreiben, während dort Leichtathletik für das Schulsportfest trainiert wurde.

Innes aus der zwölften Klasse war Champion im Hochsprung. Sean wollte sich – die Katzenmütze auf dem Kopf – in seiner Nähe aufhalten. Die Augen in der Katzenmütze würden aufklappen und Innes sehen. Und schon würde Sean vor allen anderen Jungen einen prachtvollen Hochsprung hinlegen.

Natürlich wusste Sean nicht genau, ob das verrückte Ding die Augen aufmachen würde oder nicht. Das war die einzige Schwachstelle an dem Plan.

Zufällig machte die Katzenmütze tatsächlich ihre Augen auf.

Gerade als eine Gruppe Mädchen in Trainingsanzügen vorbeijoggte. Genau in diesem Augenblick nahm Innes Anlauf. Sean stülpte sich die Katzenmütze über den Kopf. Er musste sich beeilen. Der Sprung würde im Nu vorbei sein. Sean gefiel die Vorstellung, vor den Mädchen einen tollen Sprung zu schaffen.

Aber sie sahen nicht einmal zu ihm hin. Sie stürmten in den Mädchen-Umkleideraum.

DIE AUGEN IN DER KATZENMÜTZE KLAPPTEN AUF.
SIE SAHEN MÄDCHEN, DIE IN DEN UMKLEIDERAUM LIEFEN.
DIE AUGEN KLAPPTEN WIEDER ZU.

Sean versuchte, seine Beine am Laufen zu hindern. Er klammerte sich an den Zaun. Aber es war zwecklos. Eine Art innerer Zwang trieb ihn. Trieb ihn so weit, dass er den Mädchen in den Umkleideraum folgte. Es war, als ob er in Trance handelte. Direkt hinter den Mädchen lief er hinein.

Seine Situation wurde ihm schnell klar: Er stand – von Mädchen umringt – im Mädchen-Umkleideraum. Er riss den Mund auf und wollte schreien vor Schreck, aber es kam kein Ton heraus. Die Mädchen quiekten und kreischten. Sie warfen Schuhe nach ihm. „Du Blödmann! Du verrückter Kerl!", brüllte ein Mädchen namens Esmeralda. Es war mehr als entsetzlich!

Spider schüttelte nur den Kopf und grinste, als die kreischenden Mädchen Sean im wahrsten Sinn des Wortes aus der Schule jagten.

Auch Buggins, Thistle und Wolf beobachteten den Vorfall. Für sie war es ein gelungener Scherz.

Für Sean war es der schlimmste Augenblick seines Lebens. Von Leid und Qual erfüllt schlich er nach Hause. Peinlich, peinlich! In kürzester Zeit würden alle in der Schule von der Sache erfahren.

Auf diese Katzenmütze war kein Verlass.

7

Schließlich blieb Sean nichts übrig, als seine Schwingen fertig zu reparieren, dass er damit fliegen konnte. Er arbeitete fast die ganze Nacht hindurch. Er klebte und schnitt und nagelte. Bis die Flügel endlich fertig waren. Er hatte nicht einmal mehr Zeit sie auszuprobieren. Der Wettbewerb fing gleich am Morgen an. Er würde eben vom Hafendamm springen müssen und das Beste hoffen.

„Du wirst Buggins nie schlagen", sagte Spider, während sie zum Hafendamm gingen. „Der hat einen richtigen Hanggleiter."

„Meinen Hanggleiter", sagte Sean.

„Nimm die Katzenmütze mit!", sagte Spider. „Wir warten, bis ein Flugzeug vorbeifliegt, die Katzenmütze macht die Augen auf – und fort sind wir. Hoch und auf und davon."

„Was meinst du mit ‚fort sind wir'? Ich bin's, der

fort ist. Nicht du. Kommt nicht in Frage. Auf die Katzenmütze ist kein Verlass. Die bleibt in meiner Tasche, damit sie keinen Schaden anrichten kann."

So kam es, dass Sean mit seinen Vogelschwingen schließlich am Ende des Hafendamms stand. Zusammen mit den anderen. Es wimmelte nur so von Kindern. Ungefähr zweihundert Zuschauer und eine ganze Schar Wettbewerbsteilnehmer waren da.

Die Flugapparate waren fantastisch. Es gab Doppeldecker und Dreidecker. Es gab Raketen und klapprige, alte, auf Kinderwagen montierte Dinger. Die meisten bestanden aus Kunststoff, Holz und Pappe. Manche waren wie Fallschirme. Andere wie Helikopter.

Kein Flugapparat hatte einen Motor. Die Piloten mussten entweder gleiten oder ihre Apparate allein durch Körperkraft antreiben. Man durfte treten. Man durfte mit den Armen rudern. Und man durfte springen. Eine andere Form des Antriebs war nicht gestattet.

Sieger war, wer sich am weitesten vom Hafendamm entfernen konnte.

„Okay, okay, okay, Fans!", rief Wolf. Er brüllte durch ein Megafon. „Der erste Teilnehmer am diesjährigen Flugwettbewerb bin ich."

Hochrufe wurden laut. Wolfs Fluggerät hatte die Form einer gewaltigen Bierdose. Seine Beine ragten unten durch den Boden. Seine Arme kamen wie dünne Flügel zu beiden Seiten heraus. Sein Kopf steckte wie eine Murmel obendrauf. Alle, einschließlich Wolf, wussten, was geschehen würde, wenn er vom Hafendamm spränge.

„Dieses Modell", schrie er, „fliegt allein durch Verstandeskraft und Willensbeherrschung. Es ist so gebaut, dass es ein Minimum an Luftwiderstand hat." Er watschelte an den Rand des Damms – und sprang ab.

Es war ein sehr hoher Hafendamm. Ohne die geringste Mühe flog Wolf durch die Luft. Wie ein Ziegelstein. Senkrecht hinunter. Mit einem gewaltigen „Platsch" knallte er auf das Wasser. Die Bierdose brach auseinander und Wolf schwamm zur Leiter seitlich am Hafendamm. Alles jubelte und lachte. Manche klopften ihm auf den Rücken. Wenn einer ein guter Schauspieler war, dann Wolf.

Als Nächster kam ein Junge namens Egan an die Reihe. Er hatte am Rand des Damms eine Rutsche befestigt. Er stieg hinauf und setzte sich ins Innere eines riesigen Fledermaus-Fliegers. Wolf bat um Ruhe. Die Zuschauer wussten, dass Egan gute Chancen auf einen Sieg hatte. Er war ein ernst zu nehmender Kandidat. Wolf stieg auf die Rampe. „Was sind die Besonderheiten an diesem Flugzeug?", fragte er.

Mit einem schwarzen Taucheranzug bekleidet, saß Egan im Cockpit. Er trug, passend zu seinem Flugapparat, eine schwarze Taucherbrille. „Es hat fünf Meter Spannweite", erklärte er. „Das Gestell ist ein Holzrahmen, mit Segeltuch überspannt. Unten an der Rampe kommt mein Flieger auf eine Geschwindigkeit von fünfzehn Knoten – das reicht, um mich vierzig Meter vom Hafendamm wegzutragen."

Die Menge applaudierte. Alle waren beeindruckt.

Egans Helfer stießen ihn ab. Der Fledermaus-Flieger nahm Geschwindigkeit auf, raste die Rampe hinunter und stürzte in die Luft. Ein, zwei Sekunden schnellte er aufwärts. Dann blieb er in der Luft stehen und platschte ins Wasser. Unter Jubel und Applaus einer enttäuschten Menge schwamm der Fledermaus-Pilot traurig zurück.

8

„Der nächste Bewerber", schrie Wolf, „ist Thistle."
Jubel- und Buhrufe.

Thistle hatte einen großen Dreidecker aus Kunststoff. Die drei Flügel waren so ausladend, dass die Zuschauer zurückgedrängt werden mussten. Die Flügel reichten über beide Seiten des Hafendamms hinaus. Aus dem Boden des Rumpfs ragten Thistles Beine.

Mit der Siegergeste eines Boxers reckte Thistle die Arme hoch. Dann sprintete er auf das Wasser zu und warf sich über den Rand des Hafendamms.

Mitten in der Luft krachten die Flügel auseinander und Thistle trudelte ins Wasser. Die Flügel flatterten hinter ihm her.

Und so ging es Ewigkeiten weiter. Ein Flugapparat nach dem anderen schwang sich über den Rand. Keiner kam sehr weit. Am weitesten hatte sich bis jetzt der Fledermaus-Flieger vom Hafendamm entfernt.

In Seans Bauch rumorte es. Wenn ich den Wettbewerb gewinne, dachte er, vergessen die Mädchen vielleicht die Sache mit dem Umkleideraum. Aber dann sank seine Hoffnung wieder. Nie und nimmer konnte er gewinnen. Ihm war schrecklich zu Mute. Deefa kläffte und strich ihm um die Beine.

Der Wettbewerb war fast vorüber. Nur noch zwei Teilnehmer.

„Und jetzt", kündigte Wolf an, „kommt dieser verwegene junge Mann hier – Jack Buggins." Spöttisch machte Buggins eine Verbeugung vor der Menge. Dann sah er zu den Mädchen hin und lächelte. Seans Herz rutschte in die Hose, als er feststellen musste, dass Buggins' Lächeln von vielen erwidert wurde.

Buggins schob sich durch die Menge und erschien mit seinem hoch über den Kopf gehaltenen Hanggleiter. Oder richtiger gesagt: mit Seans Hanggleiter. Rufe des Erstaunens kamen aus der Menge. Es war ein herrliches Fluggerät. Kein Zweifel, wer gewinnen würde.

Buggins lief auf den Rand zu und sprang ab. Ein leichter Wind erfasste den Hanggleiter und trug ihn höher. Buggins glitt über dem Wasser dahin. Er ließ sogar eine Hand los und winkte seinem Publikum zu.

Dann segelte er auf das Meer hinaus und brachte – ungefähr fünfzig Meter entfernt – eine elegante Landung zu Stande. Die Menge war verrückt vor Begeisterung. Buggins hatte haushoch gewonnen. So weit war noch nie jemand gekommen. Mit dem Gleiter schwamm Buggins zur Landungsbrücke zurück. Alle klopften ihm anerkennend auf den Rücken. Er reckte seine Hand zum Siegeszeichen und warf Sean einen höhnischen Blick zu.

„Meine Damen und Herren", rief Wolf. „Es gibt noch einen Bewerber – wenn man ihn so nennen kann. Das gefiederte Monster Sean Tuttle."

Sean war bereit. Er kam sich lächerlich vor mit den an die Arme geschnallten Federflügeln. Lahm ruderte er damit auf und ab. Alle lachten. Das gesamte Publikum. Sean sah aus wie ein gerupftes Hühnchen.

In der Ferne hoch oben kreiste ein Flugzeug mit Schädlingsbekämpfungsmittel über der Küste. „Setz das hier auf!", drängte Spider leise. Er fasste in eine Tasche und zog die Katzenmütze heraus.

Sean schüttelte den Kopf. Spider nickte zu dem Flugzeug hin. „Deine einzige Chance!", sagte er.

Sean sah zu den Mädchen hin, die sich um Buggins scharten und voller Bewunderung den Hanggleiter betrachteten. Was soll's, sagte er sich, das Risiko ist es wert. Er stülpte sich die Katzenmütze auf und ging schwankend zum Rand des Hafendamms.

„Tuttle trägt eine neue Art Rettungsweste", sagte Wolf. „Wenn er runterkracht, schwimmt seine tote Katze mit ihm zurück." Alle lachten. Außer Sean und Spider.

Das Sprühflugzeug näherte sich dem Hafendamm. „Jetzt!", sagte Spider. Da verschwand das Flugzeug hinter einer Wolkenwand.

DIE AUGEN IN DER KATZENMÜTZE KLAPPTEN AUF.
SIE SAHEN NICHTS AUSSER LEEREM HIMMMEL.
DIE AUGEN KLAPPTEN WIEDER ZU.

Nichts geschah. Bebend stand Sean immer noch am Rand des Hafendamms. Mit seinen dämlichen Federschwingen. Mit der Katzenmütze auf dem Kopf. In der Ferne verhallte das Geräusch des Flugzeuges.

„Na los!", sagte Wolf. „Mach schon!"

„Er hat Angst!", rief Buggins spöttisch.

„So ein Feigling!", sagte Thistle.

„Sie hat die Augen aufgemacht", flüsterte Spider. „Aber zu spät. Das Flugzeug war schon weg."

„Ich bin erledigt", zischte Sean. Er starrte ins Wasser hinunter. Ein weiter Weg. Seine Knie schlotterten. Er brachte es nicht fertig abzuspringen. „Noch zehn Sekunden", schrie Wolf. „Spring oder du bist disqualifiziert!"

9

Sean holte tief Luft und schaute am Hafendamm entlang. Eine Seemöwe saß auf einem Pfosten.

DIE AUGEN IN DER KATZENMÜTZE KLAPPTEN AUF.
SIE SAHEN EINE MÖWE,
DIE KRAFTVOLL MIT DEN FLÜGELN SCHLUG
UND IN DEN HIMMEL HINAUFFLOG.
DIE AUGEN KLAPPTEN WIEDER ZU.

Seans Flügel fingen zu schwingen an. So schnell schlugen sie auf und nieder, dass er sie gar nicht mehr sehen konnte. Er glaubte, die Arme müssten ihm abfallen. Er hob ab und zischte davon wie ein fantastischer Dracheflieger.

Das Wasser blieb weit unter ihm zurück. Erst war Sean schwindlig. Die Zuschauer auf dem Hafendamm sahen wie Ameisen aus. Um ihn herum flatterten Vögel. Was, wenn er abstürzte?

Doch dann wusste er aus irgendeinem Grund, dass

er sicher war. Er kam sich vor wie ein Vogel. Flog, als wäre er mit Flügeln geboren. Jetzt machte er einen Überschlag. Dann ließ er sich fallen, strich knapp über den Wellen hin und schwang sich über den Köpfen der Zuschauermenge wieder empor. Er flog seitwärts und verkehrt herum. Er kreiste und drehte sich. Er flatterte durch die Lüfte wie ein gefiederter Dämon.

Vor Staunen hielten alle die Luft an. Der Mund blieb ihnen offen stehen. Die Augen traten hervor. Ah- und Oh-Rufe schwappten über den Damm. Sean stürzte herab und schoss wie ein Sturzbomber haarscharf über ihren Köpfen hin.

Es war herrlich. Es war verrückt. Sean hatte keine Kontrolle über die Ereignisse. Er machte einfach alles, was die Möwe machte.

„He!", schrie Spider. „Los, Sean, los!" Er war so aufgeregt, dass er fast von der Hafenmauer fiel.

Endlich ließen sich Sean und der Vogel auf den Wellen nieder. Sean ließ die Flügel ins Wasser sinken und schwamm zu der wartenden Menge zurück.

10

Den Jubel hättet ihr hören sollen! Und das Geschrei! Keiner hatte so etwas je gesehen. Eins der Mädchen drückte Sean einen flüchtigen Kuss auf die Wange.

Buggins war gereizt wie eine Schlange. Er drängte sich vor.

„Tuttle hat gemogelt!", schrie er. „Das war dieses Katzending! Es war ein Flug mit Antriebskraft!"

153

Buggins zerrte Sean die Katzenmütze vom Kopf. Und setzte sie selber auf. „Die ist lebendig!", sagte er. „Die macht ihre Augen auf! Ich hab's gesehen!" Mit der Katzenmütze auf dem Schädel sah Buggins irgendwie jämmerlich aus.

Er schielte zu der Stelle am Hafendamm, wo Devil angebunden war. Er sah, wie Seans Hund auf das Pferd zutrottete.

DIE AUGEN IN DER KATZENMÜTZE KLAPPTEN AUF.
SIE SAHEN EINEN HUND, DER AUF EIN PFERD LOSRANNTE.
SIE SAHEN, WIE ER SEINEN KOPF
IN EINEN HAUFEN PFERDEMIST STECKTE.
DIE AUGEN KLAPPTEN WIEDER ZU.

Buggins spürte, wie seine Beine ihn an der Hafenmauer entlangtrugen. „Nein!", schrie er. „Nein! Nein! Nein!"
Aber nichts …
konnte ihn hindern …
auf den Dunghaufen loszurennen …

Kleiner Spritzer

1

Fünf Jungen stehen in der Toilette und pinkeln in die Luft. Sie wollen sehen, wie hoch sie kommen. Bevor die Athleten an den Start gehen, tragen sie noch einen Wettbewerb anderer Art aus. Mein großer Bruder Sam wird Sieger – wie gewöhnlich. Keiner kommt so hoch wie er. Ich kriege einen roten Kopf, als ich sie sehe. „Komm her, Weesle!", sagt er zu mir. „Mach auch mit!"

Ich will nicht. Es ist mir peinlich und ich bin nicht sehr gut in dieser Disziplin. Er fordert mich mit Absicht auf. Ich soll mich wieder mal lächerlich machen. „Klar!", rufen die anderen. „Komm her, Weesle! Sei kein Feigling!"

Ach, es ist fürchterlich. Alle ziehen über mich her. Ich werde mitmachen müssen. Also fummle ich meinen Hosenschlitz auf und mache einen Versuch. Vor lauter Nervosität kommt nur ein kleiner Spritzer. Alle lachen und spotten. „Schwach", schreien sie. Der Schlimmste in dem Haufen ist mein Bruder Sam. „Weesle ist ein kleiner Spritzer!", ruft er. Die Jungen beenden ihre Veranstaltung und lachen wie blöd.

Wir gehen hinaus zum Training. Ich bin beim Hundertmeterlauf und Sam auch. Nächste Woche soll das große Rennen stattfinden, die Entscheidung, wer der schnellste Läufer der Schule ist. Heute ist nur ein Testlauf. Wie ich mir wünsche, Sieger zu werden! Alles würde ich tun, um meinen Bruder Sam zu schlagen.

Aber ich bin wie gelähmt. Er ist in allem besser als ich. Er ist klüger. Er sieht besser aus. Er ist größer. Er ist stärker. Er übertrifft mich in allem, was es nur gibt.

Wir kauern uns an der Startlinie nieder. „Am Ziel wart ich auf dich, du Niete", spottet Sam. „Das heißt, wenn du überhaupt ankommst."

Die anderen Jungen schauen her. Mann, wie gern würde ich Sam besiegen! Dass ich Sieger werde, ist mir gar nicht mal so wichtig. Wenn ich nur Sam übertreffe. Immer gibt er an. Immer bringt er es fertig, dass ich mir wie ein Versager vorkommen muss.

Mr Hendrix hat die Startpistole in der Hand. Meine Knie fangen zu schlottern an, so nervös bin ich. Und es ist noch nicht einmal das richtige Rennen – da wird nämlich die ganze Schule zusehen –, es ist nur Training.

Peng – und fort sind wir. Ich habe einen guten Start. Liege mit ein paar Metern vorn. Plötzlich scheint alles gut. Meine Beine schwirren durch die Luft. Mühelos ziehe ich davon. Mein Atem geht regelmäßig. Ich sehe mich um, Sam hat offenbar Probleme. Ich bin vorn, und er ist Zweiter. Fast habe ich die Ziellinie erreicht. Zum ersten Mal in meinem Leben werde ich ihn schlagen!

Ich muss grinsen, als ich mich der Ziellinie nähere. Aber ich grinse zu früh. Sam zischt an mir vorbei, so schnell, dass ich es nicht fassen kann. Wieder hat er mich besiegt! Ich muss mich krampfhaft bemühen, dass mir nicht die Tränen kommen.

Sam hampelt herum und prahlt. Wie ein Boxer reckt er die Hände über den Kopf. „Bin natürlich mit voller Absicht zurückgeblieben!", höhnt er. „Hast wohl schon geglaubt, du hättest mich im Sack, was, Kleiner?", sagt er. Den ganzen Heimweg lang weidet er sich an meiner Niederlage, brüstet sich und spielt sich auf.

Die anderen Jungen machen mit und spotten über mich.

Niedergeschlagen latsche ich hinter ihnen her. Ich versuche nicht hinzuhören. Nächsten Dienstag ist das richtige Rennen. Da werde ich Sam erst recht nicht schlagen können. Ich werde zu aufgeregt sein. Ich bin einfach nicht gut genug.

Mit den anderen geht Sam auf Erkundung in den großen Wald. Mich nehmen sie nicht mit. „Am Ende verläufst du dich noch", sagt Sam.

2

Als ich zu Hause ankomme, habe ich Tränen in den Augen. Ich will sie wegwischen, bevor Mum sie bemerkt, aber wieder mal gelingt mir nichts. „Was ist denn los, Weesle?", fragt Mum.

„Ach, wegen Sam", fange ich zu jammern an. „Immer gewinnt er! Immer besiegt er mich! Sogar seine Schnürbänder kann er schneller binden als ich. Ich möchte so gern mal gegen ihn gewinnen – nur einmal. Heute war Laufen. Er hat wieder die Hundertmeter gewonnen. Er gewinnt immer. Nächsten Dienstag ist das große Finale."

Mum beugt sich vor und nimmt mich in den Arm. „Pass auf, Weesle", sagt sie. „Es gibt eine Möglichkeit, wie du überall gewinnen kannst. Ich war früher Champion im Laufen, ich weiß, wie man das macht."

Zum ersten Mal höre ich, dass Mum Champion im Laufen war! Erwartungsvoll sehe ich sie an, ich bin gespannt auf ihr Geheimnis.

„Du musst trainieren", sagt sie. „Üben. Jede Minute. Jeden Tag. Sam trainiert nie. Er ist faul. Wenn du jeden Tag trainierst, kannst du ihn besiegen. Er gewinnt nur, weil er größer ist als du."

Mum könnte Recht haben. Ich will es versuchen.

Ich stehe früh auf und trainiere. Ich trainiere in der Pause. Ich trainiere in der Mittagszeit. Ich trainiere nach der Schule. Ich trainiere bei heißem Wetter und ich trainiere, wenn es kalt ist. Ich werde immer besser, besonders an kühlen Tagen. Es ist schwere Arbeit. Nicht einfach. Aber ich bin wild entschlossen, Sam zu besiegen. Keiner hat je so hart trainiert wie ich!

Mum wäre stolz auf mich, wenn sie sehen könnte, wie eifrig ich trainiere. Aber ich mache es heimlich. Ich will Sam überraschen. Keiner wird mit mir als Sieger rechnen. Ich kann Sams Gesichtsausdruck kaum erwarten.

Schließlich kommt der Dienstag. Jetzt also. Jetzt ist meine Chance da. Jetzt wird sich mein Trainieren auszahlen. Es ist kalt, deshalb habe ich meinen dicken Pullover an.

Zielstrebig gehe ich in die Toilette, wo Sam und die

anderen Jungen das große Finale austragen. Sie wollen sehen, wer Schul-Champion im Hochpinkeln wird. „Lasst mich auch mal!", sage ich. Sie lachen und spotten und nennen mich Kleiner Spritzer. Aber es macht mir nichts aus. Für diesen Augenblick habe ich die ganze Woche trainiert.

Junge, ist das ein Strahl! Ich komme höher, als es je einer geschafft hat! Hoch über meinen Kopf. Die anderen Jungen sperren vor Bewunderung die Augen auf. „Wow!", schreien sie.

Sam jedoch bewundert mich kein bisschen. Er ist total wütend. Sieht aus, als würde er gleich an die Decke springen.

So wie ich. Nur aus einem ganz anderen Grund.

Die Mundharmonika

1

Ich stehe vor dem Magnolienbaum und bin nicht gerade glücklich. Ich spiele auf meiner Gitarre und werfe dabei verstohlen einen Blick zu meinem Hut hin, der auf der Erde liegt. Viel Geld ist nicht drin. Echt nicht viel. Hier in der Stadt wohnen nur etwa fünfzig Leute und die haben kein Geld übrig. Immerhin, die Busse könnten einen Dollar einbringen. Touristen haben viel Geld. Die werfen einem armen Mädchen schon mal ein, zwei Cents hin. Bis sie dahinter kommen, dass der Baum abgestorben ist.

Meine Finger streichen über die Saiten und ich singe ein melancholisches Lied. Es heißt *Die Ballade von Mrs Hardbristle*.

Jetzt kommt jemand! Ein junger Bursche geht über die Straße. Er kommt zum Zuhören herüber. Sein Haar hat er zu einem Pferdeschwanz zusammengebunden und um den Kopf trägt er ein Stirnband. Er sieht nicht so aus, als ob er reich ist. Wahrscheinlich hat er keine zwanzig Cents in der Tasche. Trotzdem, ich spiele weiter. Auf alle Fälle. Er steckt eine Hand in die Tasche. Vielleicht zieht er eine Zwanzig-Dollar-Note für mich heraus?

Der junge Mann bringt seine Hand wieder zum Vorschein – und hält eine Mundharmonika zwischen den Fingern. Das Herz wird mir schwer. Kein Geld. Nicht einen Cent. Nur eine Mundharmonika. Ich höre auf zu spielen und lasse mich mit einem Seufzer unter dem Baum nieder.

Der Pferdeschwanz beobachtet mich grinsend. „Ich kenne die Geschichte", sagt er. „Ich weiß, was du getan hast."

Wieso weiß er davon? Ich habe es nie jemandem erzählt. Beschämt lasse ich den Kopf hängen und meine Gedanken wandern sieben Jahre zurück.

2

Mrs Hardbristle schnupperte in die Luft. „Wir müssen hier raus", sagte sie. „Schnell!"

Ich war damals erst sechs Jahre alt, aber diese Situation werde ich nie vergessen. Ich war unterwegs mit Mrs Hardbristle und ihrer Gruppe junger Pfadfinderinnen, den Brownies. Prüfend sah Mrs Hardbristle erst uns an, dann ihren Mann. „Das ist ein Buschbrand, Mr Hardbristle!", sagte sie. „Wir müssen zur Stadt zurück!"

Mr Hardbristle war mitgekommen, um uns zu „beaufsichtigen". Aber das war wirklich ein Witz. Er ging gebeugt, war schwächlich und konnte kaum mit uns Schritt halten. Er war viel älter als Mrs Hardbristle.

Ein paar Mädchen fingen an zu weinen, als Rauchschwaden durch den von der Hitze ausgedörrten Busch trieben. Wenn wir auch klein waren, wir konnten uns doch vorstellen, wie der beißende Rauch und die grausamen Flammen schon bald über die Stelle, an der wir jetzt standen, hinwegtosen würden.

So schnell wir konnten, brachen wir auf. „Lass mich hier", schrie Mr Hardbristle. „Bring die Mädchen in Sicherheit!" Sein Atem ging pfeifend und er keuchte, während er hinter uns herstolperte.

„Unsinn!", sagte seine Frau. Sie zerrte sich seinen Arm über die Schulter und zog ihn hinter sich her wie einen Sack. Mrs Hardbristle war wirklich sehr energisch. Eine starke Frau.

Zweige knackten unter unseren Füßen. Die heiße Sonne versengte uns die Rücken. Ein Känguru sprang in Panik davon und versuchte verzweifelt den Flammen zu entkommen. Binnen kurzer Zeit war die Luft von Rauch erfüllt. Wir fingen zu husten und zu weinen an. „Lauft weiter, Mädchen!", kommandierte Mrs Hardbristle keuchend. „Immer weiter!" Ihre Kräfte ließen allmählich nach. Dass sie auch noch den alten Mann hinter sich herschleppen musste, war selbst für Mrs Hardbristle zu viel.

„Nur nicht stehen bleiben, Brownies!", rief sie.

Wir gehorchten. Irgendwie schafften wir es, dass wir taumelnd durch den Wald flüchteten und schließlich die Stadt erreichten. Ich sage „Stadt", aber es waren nur sechs Geschäfte, ein Wirtshaus und ungefähr zwanzig Wohnhäuser. Ich hoffte, mein Vater würde dort mit dem Auto warten. Aber es war keiner da. Die staubigen Straßen lagen verlassen. Kein Auto. Kein Mensch.

Behutsam setzte Mrs Hardbristle ihren Mann im Schatten ab. „Das Feuer wird die Stadt verschlingen", sagte sie. „Auf den Grünstreifen mit euch, Mädchen!"

In der Mitte der Straße gab es einen kleinen Grasstreifen mit einem Picknicktisch. Mrs Hardbristle rannte in den Laden und kam mit einem Spaten und einer großen Decke zurück. Ohne ein Wort fing sie zu graben an. Mr Hardbristle versuchte ihr zu helfen, aber er war zu schwach.

Rauch wirbelte durch die Luft. Wir konnten jetzt die Flammen hören. Sie knackten und knisterten im Wald, der die Stadt umgab. Die Sonne war von Rauch verhangen. Die Gesichter der kleinen Pfadfinderinnen waren rußgeschwärzt und von Tränenspuren verschmiert.

Und Mrs Hardbristle grub. Sie grub und grub ohne Pause. Das Loch wurde tiefer. Schweiß rann ihr über die Stirn. Ihre Uniform war verdreckt von Rauch und Erde. Die Hitze war entsetzlich. Plötzlich war das Feuer über uns. Der Laden explodierte wie eine Bombe. Flammen fraßen sich in die Wände.

Mrs Hardbristle hörte zu graben auf. „Los, rein da!", befahl sie. Sie half ihrem Mann in das Loch, und mit den drei anderen Pfadfinderinnen kletterte auch ich hinunter. Dann spürten wir, wie die Decke über unsere Köpfe gebreitet wurde. Um uns wurde es dunkel und nass. Mrs Hardbristle goss Wasser auf die Decke.

Der arme alte Mr Hardbristle hatte Angst um seine Frau. „Komm runter! Komm runter!", krächzte er.

„Mir passiert schon nichts", hörten wir Mrs Hardbristles Stimme. „Kümmere dich um die Mädchen!"

Donnernd raste das Feuer über uns hinweg. Seine

Hitze ließ uns fast zerschmelzen. Sein Rauch würgte uns. Aber seine Flammen forderten nicht unser Leben. Wir kamen davon.

Als wir aus dem Loch stiegen, war die Stadt verschwunden. Nicht ein Gebäude stand mehr. Rauch stieg aus verkohlten Balken und verbogenem Metall.

Direkt neben dem Loch fanden wir Mrs Hardbristle. Ausgestreckt. Nicht verbrannt, sondern vom Rauch erstickt. Sie hatte uns alle gerettet und selber ihr Leben verloren. Mr Hardbristle kniete sich neben den reglosen Körper seiner Frau und ließ stumm die Tränen in seinen Bart sickern. Seine Schultern zuckten in wortlosem Schmerz.

Mrs Hardbristle war eine Heldin. Sie hatte uns aus den Flammen gerettet und ihr eigenes Leben geopfert. Unsere Eltern waren voller Dankbarkeit. Nie würden sie Mrs Hardbristle vergessen, sagten sie.

Die Stadt wurde wieder aufgebaut. Und zur Erinnerung an die mutige Frau pflanzten unsere Eltern einen kleinen Magnolienbaum in das Loch, in dem wir Schutz gefunden hatten.

Mr Hardbristle war von Verzweiflung und Schuld erfüllt. „Ich hab mich in dem Loch versteckt", sagte er. „Und meine Frau hab ich sterben lassen. Ich bin ein Versager."

Natürlich war er kein Versager. Er war alt und schwach. Und sowieso steht nirgendwo geschrieben, dass der Mann der Mutigere sein muss. Warum kann es nicht eine Frau sein?

Aber er ließ sich nicht trösten. Egal, was wir sagten. Die kleine Hütte, die man ihm gebaut hatte, verließ er

164

nie mehr. Er saß immer nur in seinem alten Schaukelstuhl auf der Veranda und starrte den Magnolienbaum an.

Ich war noch ein kleines Mädchen, aber ich erzählte ihm, was ich meine Mutter zu Dad hatte sagen hören: „Sie brauchen nicht niedergeschlagen zu sein. Ihre Frau würde sich wünschen, dass Sie glücklich sind."

Er schaukelte eine ganze Weile, dann antwortete er: „Wenn dieser Magnolienbaum blüht, dann weiß ich, dass sie mir vergeben hat. Dann werde ich glücklich sein. Aber nicht eher."

Ich lief nach Hause und erzählte Mum, was er gesagt hatte. Traurig lächelte Mum. „Bis Magnolienbäume blühen, dauert es manchmal sieben Jahre", sagte sie. „Ich glaube nicht, dass Mr Hardbristle noch sieben Jahre lebt."

Aber sie irrte sich. Es vergingen sieben Jahre. Und obwohl der Magnolienbaum nicht blühte, saß Mr Hardbristle immer noch da – gespannt und erwartungsvoll. Es war ein schöner Baum. Groß gewachsen, mit kräftigen, schlanken Ästen.

Inzwischen war ich dreizehn. Und in der Pfadfindergruppe der Älteren. Ich wünschte mir so sehr, dass dieser Baum blühen möge und dass Mr Hardbristle spüren würde, ihm sei vergeben worden. Dass er das Gefühl hätte, seine Frau würde ihm zulächeln.

Deshalb wollte ich dem Baum in der größten Sommerhitze Wasser bringen. Unser Eimer war zu klein, da füllte ich einen großen Plastikbehälter. Früher war mal irgendein Pulver darin gewesen. Wahrscheinlich Dünger, dachte ich.

Ich griff nach dem Drahtbügel und schleppte das Wasser zum Magnolienbaum. Weißes Pulver schwamm im Wasser herum. Ich kippte den Behälter aus und ließ das Wasser sorgfältig um die Wurzeln rinnen. Schaukelnd saß Mr Hardbristle in seinem Stuhl und sah mir zu, ohne ein Wort zu sagen.

Am Morgen war der Magnolienbaum tot. Schlaff hingen seine Blätter an den Ästen.

„Unglaublich!", sagte Dad. Er hatte einen winzigen Klecks weißes Pulver auf dem Finger. „Jemand hat Pflanzengift an die Magnolie gegossen!"

Mir war, als müsste ich im Erdboden versinken. Und ich hatte gedacht, in dem Behälter wäre Dünger gewesen! Ich hatte den Baum umgebracht! Mein Blick wanderte zu Mr Hardbristles Fenster hinüber. Sein Sitz war leer. Er lag im Bett und wollte nicht mehr aufstehen. Nie würde er die Magnolie blühen sehen!

Jetzt gab es zwei Menschen, die sich schuldig fühlten: Mr Hardbristle und ich.

Keiner außer Mr Hardbristle wusste, was ich getan hatte. Ich konnte es einfach nicht zugeben. Es war zu schrecklich. Am liebsten hätte auch ich mich ins Bett gelegt und wäre liegen geblieben. Hätte meinen Kopf unter die Decke gesteckt und wäre nie mehr hervorgekommen – wie Mr Hardbristle.

Aber nein. Ich wollte wieder gutmachen, was ich angerichtet hatte. Also nahm ich mir vor, Geld aufzutreiben und wieder einen Magnolienbaum zu kaufen. Einen ausgewachsenen. Ich könnte sogar einen kaufen, der gerade blühte. Dann würde Mr Hardbristle wieder froh werden. „Tausend Dollar", sagte Mum. „So viel kostet eine ausgewachsene Magnolie im Kübel. Aber es wäre ja nicht dieselbe, nicht wahr?"

Ich konnte es kaum glauben. Tausend Dollar für einen Baum! Ich besaß kein Geld. Nicht mal einen Cent. Da schnappte ich mir meine Gitarre und setzte mich unter den Magnolienbaum. Ich legte meinen Hut auf die Erde und fing zu spielen an.

3

Mit einem seltsamen Lächeln sieht mich der Pferdeschwanz an. Er hält mir seine zerbeulte, alte Mundharmonika hin. „Die hilft dir vielleicht", sagt er.

Ich werfe einen Blick auf die lädierte Mundharmonika und ziehe die Schultern hoch. „Darauf kann ich nicht spielen", sage ich. „Ich kann nur Gitarre." Ich tätschle die Gitarre, die mir mein Vater geschenkt hat. Um nichts auf der Welt würde ich mich von ihr trennen.

Der junge Mann hält die Mundharmonika an die Lippen und fängt zu spielen an. Ist das eine Musik! Wunderschön! Sie schwillt an und sinkt langsam wieder in sich zusammen. Dann verändert sie sich, schwirrt mir durch den Kopf wie der Gesang einer ganzen Schar Glockenvögel. Es ist der Klang von leise murmelnden Bergbächen. Es ist das Rauschen der flüsternden Eukalyptuswälder. Es ist der Geschmack von Honig auf frischem Brot. Nie habe ich solche Musik gehört! Meine Augen schwimmen in Tränen. Ein Schwall von Sonnenlicht bricht plötzlich durch die Wolken.

Ich nehme die Mundharmonika aus seiner ausgestreckten Hand. „Spiel deine eigene Melodie", sagt er. „Nicht die von anderen. Du hast deine eigenen Melodien, spiel sie." Sein Lächeln scheint direkt in meine Seele zu dringen. „Ich hol sie mir morgen wieder", sagt er. „Um zwölf Uhr."

„Morgen ist Schule", sage ich. „Kommen Sie zum Haupteingang. Ich werde dort sein, keine Sorge."

„Aber nicht vergessen", sagt er. „Nicht vergessen! Ich muss nämlich weiter."

Ich lehne meine Gitarre an den Baum und sehe dem Burschen nach, wie er die Straße hinunter in Richtung Fluss verschwindet. Wahrscheinlich zeltet er dort draußen.

Die Mundharmonika ist angeschlagen und zerkratzt. Sie hat viele Melodien aus längst vergessenen Leben gespielt. Das sehe ich. Gerade will ich sie an die Lippen setzen, da fährt ein Touristenbus vor.

Seit der Magnolienbaum gepflanzt ist, sind immer wieder Touristen gekommen, um ihn zu besichtigen. Sie machen einen kurzen Halt auf ihrer Fahrt nach Sydney. Die Geschichte von Mr Hardbristle, der in seinem Schaukelstuhl sitzt und darauf wartet, dass der Baum blüht, hat in den Zeitungen gestanden. Alle hoffen, dass sie da sein werden, wenn der Baum blüht.

Die Touristen springen aus dem Bus. Ein ganzer Haufen mit Sonnenbrillen und Shorts. Sie haben Kameras um den Hals. Sie wollen den Baum fotografieren. Geschäftig eilen sie hin und her und – verstummen plötzlich.

„Er ist tot", sagt der Busfahrer und starrt auf den

168

Baum. Alle glotzen die schlaffen Blätter an. Sie machen kehrt und wollen wieder in den Bus steigen. So komme ich nie zu Geld. Ich drücke die Mundharmonika an die Lippen und versuche an eine Melodie zu denken. *Hang down your head, Tom Dooley. Hang down your head and cry.* Es ist das Einzige, was mir einfällt. Ich fange zu spielen an. Klagende, traurige Klänge.

Die Touristen fangen an zu schniefen. Ein Amerikaner kramt sein Taschentuch hervor und schnäuzt. Eine Japanerin bricht in Tränen aus. Die Melodie ist so traurig. Eine eigenartige Kraft scheint in dieser Mundharmonika zu stecken. Bald weinen alle Touristen. Sie fallen einander in die Arme und schluchzen. Sie werfen kein bisschen Geld in meinen Hut.

Etwas ist schief gelaufen. So bringt die Mundharmonika nicht den gewünschten Erfolg. Ich versuche, mich an eine fröhliche Melodie zu erinnern. Schon kommt mir eine in den Sinn. Der Cancan. Ich spiele einen lebhaften, heiteren Tanz. Die Touristen haken sich unter. Sie fangen an ihre Beine hoch zu werfen, erst in die eine Richtung, dann in die andere. Sie tanzen und tanzen. So wie sie einander untergefasst haben, können sie kein Geld in meinen Hut werfen. Ich bin am Ende der Melodie und höre zu spielen auf. Da hören die Touristen zu tanzen auf.

Mit aufgerissenen Augen sehen sie einander an. Sie wissen nicht, wie ihnen geschieht. Sie hasten zum Bus. Gleich fahren sie, ohne etwas für den neuen Magnolienbaum gespendet zu haben. Ich werfe einen Blick hinüber zu Mr Hardbristles verlassenem Schaukelstuhl. Ich muss schnell etwas unternehmen.

Ich spiele eine andere Melodie. *Kookaburra sits on the old gum tree.* Es ist munter und fröhlich. Auch die Touristen sind munter und fröhlich, während sie auf die neu gewachsenen Eukalyptusbäume am Straßenrand klettern. Wie Vögel hocken sie auf den Ästen. Ich will zu spielen aufhören, aber es geht nicht. Es scheint, als muss man eine Melodie, die man angefangen hat, auch zu Ende spielen.

Jetzt komme ich zu der Stelle, wo es heißt: „Laugh Kookaburra, laugh kookaburra". Schon lachen sie – aber nicht die Kookaburras, die Riesenvögel. Auf den Ästen hocken die Touristen, die Köpfe himmelwärts gereckt, und lachen meckernd wie Esel.

Endlich kann ich aufhören. Die Touristen schreien los. Bei der ganzen Sache ist ihnen ein ordentlicher Schreck in die Glieder gefahren. Hastig steigen sie von ihren luftigen Sitzen und stürmen wieder zum Bus. Noch immer haben sie mir keinen Cent gegeben. Ich wage einen letzten verzweifelten Versuch.

You can leave your hat on heißt der Song, den ich jetzt spiele – eine ausgelassene Melodie.

Die Touristen bleiben stehen. Fangen zu tanzen an. Ein Tanz mit gleitenden Bewegungen und absonderlichen Verrenkungen. Der Japaner macht langsam seine Knöpfe auf. Wirft sein Sakko auf die Erde. Der Amerikaner schleudert seine Schuhe fort. Drei andere ziehen mit langsamen, rhythmischen Bewegungen ihre Pullover aus. Eine dicke Frau rollt sich die Strümpfe von den Beinen. Oh verdammt! Ausgerechnet Striptease-Musik habe ich gewählt!

Ich will zu spielen aufhören, aber es geht nicht. Das

ganze Stück muss ich zu Ende spielen. Endlich! Dreißig Touristen stehen da und starren einander an. Bis auf die Unterwäsche haben sie nichts mehr am Leib. Sie schreien, sie kreischen, sie hasten zu ihrem Bus. Sollen sie fahren. Das mit dieser Mundharmonika klappt einfach nicht! Der Bus fährt an und verschwindet in einer Staubwolke die Straße hinunter.

4

Was ist geschehen? Die Mundharmonika kann mein Problem nicht lösen. So komme ich nie zu einem neuen Baum für Mr Hardbristle. Da fallen mir plötzlich die Worte des Pferdeschwanz-Burschen ein. „Spiel deine eigene Melodie", hatte er gesagt. „Nicht die von anderen. Du hast deine eigenen Melodien, spiel sie."

In meinem ganzen Leben habe ich noch keine richtige Melodie erfunden. Was hat er wohl gemeint? Ich werde einfach spielen, wie mir im Moment zu Mute ist. Langsam gehe ich zu den Geschäften hinüber, lege meinen Hut auf den Boden und fange an, auf der Mundharmonika zu blasen. Von irgendwo tief aus meinem Innern kommt die traurigste Melodie, die man sich vorstellen kann. Noch nie habe ich so gespielt. Ich erfinde die Melodie beim Spielen.

Das Lied handelt von Mr Hardbristles Sorgen. Und von dem Baum, den ich umgebracht habe. Meine Tränen sind darin. Es ist die unausgesprochene Geschichte eines Mädchens, dem aus Versehen etwas Schreckliches passiert ist, und die Geschichte eines Baumes, der stirbt. Die Musik ist so klar, dass Verliebte, falls sie sie hören würden, sich für immer in die Arme schließen würden.

Mr Windfall kommt aus seinem neuen Laden. Er bewegt sich wie im Traum. Er bleibt stehen und sieht mir zu – reglos. Seine Augen sind wie aus Glas – sie sehen Dinge, von denen niemand weiß. Ich höre einen Augenblick zu spielen auf. „Nicht aufhören", bittet er inständig. „Nicht aufhören." Er nimmt zwanzig Dollar aus seinem Portmonee und wirft sie in meinen Hut. Ich lächle ihm zu und spiele weiter.

Andere finden sich ein. Sie drängen sich um uns. Da ist Mr Ralph, unser Lehrer. Ein Lächeln, weich wie Wolken, steht ihm im Gesicht. Sue Rickets und zwei andere grobe Klötze aus der siebten Klasse bleiben stehen und lauschen. Sue Rickets hasst mich wie die Pest. Aber nicht jetzt. Die Musik hat sie lammfromm gemacht. Ich sehe von einem zum andern. Alle sind sie auf einer Reise. Auf einer ganz besonderen Reise. Die Musik trägt sie davon zu Orten, die sie normalerweise nicht erreichen können.

Schließlich komme ich zum Ende. Ich habe keine Puste mehr. Einen Moment bleibt die ganze Gruppe noch andachtsvoll und ohne Regung stehen. Dann schüttelt sich plötzlich jeder. Mr Ralph erinnert mich an einen Hund, der aus einem Traum auffährt. Alle werfen Geld in meinen Hut. Auf den Schwingen ihrer Erinnerung schweben sie davon. Ich prüfe den Inhalt meines Hutes. Vierundachtzig Dollar.

Wenn das so bleibt, komme ich in kürzester Zeit zu den tausend Dollar für einen neuen Baum. In null

Komma nichts. Ein Blick auf die Uhr. Ich muss nach Hause und vor dem Abendessen noch Holz hacken. Also mache ich mich auf die Socken.

Das Abendessen ist vorüber, das Geschirr abgewaschen. Ich sitze vor dem Kamin. Mum und Dad haben es gern, wenn ich vor dem flackernden Feuer Gitarre spiele.

Aber ich spiele nicht Gitarre. Ich hole die Mundharmonika hervor. Die Melodien, die ich darauf spiele, haben keine Namen. Auch keine Worte. Es sind einfach Melodien, die zu Herzen gehen. Ich spiele ein Lied über Großmama. Ich spiele, dass sie mich kitzelt – wie früher. Es ist eine ausgelassene, fröhliche Melodie. In Gedanken muss ich mich vor Lachen krümmen, während ich spiele. Es ist fast wie in Wirklichkeit. Verschwunden ist der Schmerz des Verlustes. Wir sind erfüllt vom Glück ihrer Gegenwart.

Ich sehe Mum an. Ihr Lächeln ist voller Liebe. Ich weiß, dass sie im Geist von Großmamas Armen umfasst wird wie früher, als sie ein Baby war. Zuletzt schlafen wir alle ein. Ich und Mum und Dad. Vor dem Kamin.

Schon ist wieder Morgen. Mum ist glücklicher, als ich sie je gesehen habe. Meine Mundharmonika hat sie mit Freude erfüllt. Ich kann mich von dieser Mundharmonika nicht trennen! Ob der Pferdeschwanz sie für meine Gitarre eintauschen würde? Aber auch von der Gitarre kann ich mich nicht trennen. Das würde mir Dad nie verzeihen. Er hat sie mir zu Weihnachten geschenkt.

Ich nehme die vierundachtzig Dollar und zwänge sie

ins Innere meiner Gitarre. Meine Mundharmonika stecke ich tief in die Tasche. Dann mache ich mich auf den Schulweg.

Diese Mundharmonika kann mir die tausend Dollar für einen neuen Baum einbringen. Aber ob sie das bis um zwölf Uhr schaffen wird?

5

In unserer Schule gibt es nur einen Lehrer. Und zwanzig Kinder. Wir lernen alle zusammen im selben Raum. Die Großen helfen den Kleinen. Mr Ralph hilft allen. Er ist ein ruhiger Lehrer. Er regt sich nie auf. Alle mögen ihn.

Mr Ralph schaut mich an. „Nicole besitzt verborgene Talente", sagt er. „Sie kann Mundharmonika spielen." Alle Kinder sehen auf.

„Spiel uns etwas vor", sagt Mr Ralph.

Ich setze meine Mundharmonika an die Lippen und fange an. Alles, woran ich denke, drückt sich in der Musik aus. Die anderen legen ihre Köpfe auf die Tische. Sie sehen, was ich sehe. Sie träumen meine Träume. Das bringt diese Musik zu Stande!

Ich nehme sie mit zum Segeln auf funkelnde Meere. Ich fliege mit ihnen durch die Wolken. Ich zeige ihnen den Grund des Meeres und die höchsten Gipfel der Berge. Orte, wo die Luft so klirrend kalt ist, dass es in der Lunge beißt, wenn man atmet. Ich lasse den Gischt eines Wasserfalls über sie sprühen. Ich wiege sie in den Armen geliebter, längst verstorbener Menschen.

All das kann ich mit meiner Mundharmonika. Die Zeit streicht so unbemerkt vorbei wie die leichte Brise, die vom Fluss her kommt. Bald ist es zwölf Uhr. Es klingelt. Mittagspause.

Die Mundharmonika zuckt in meiner Hand. Sie will zu ihrem Eigentümer zurück.

Aber ich habe erst vierundachtzig Dollar. Und ich brauche tausend! Der neue Magnolienbaum muss sieben Jahre alt sein. Und so einer ist teuer. Ich werde nicht eher froh sein, als bis ich Mr Hardbristle in die Augen schauen und ihn lächeln sehen kann.

Ich laufe aus dem Schulhof und verstecke mich im nahen Kiefernwäldchen.

Der Pferdeschwanz kommt zum Schultor. Ich sehe ihn von meinem luftigen Sitz in den Ästen. Ich sehe, wie er Ausschau nach mir hält. Ich sehe, wie er umkehrt und niedergeschlagen zum Fluss zurückgeht.

Ich bleibe im Baum sitzen, bis es klingelt. Ganz wohl ist mir nicht, dass ich die Mundharmonika behalte, aber es ist für einen guten Zweck. Ich will sie nur benutzen, um einen neuen Magnolienbaum zu beschaffen. Danach werde ich sie zurückgeben. Vielleicht.

Aber irgendetwas ist passiert. Seit ich beschlossen habe, die Mundharmonika zu behalten, ist alles anders geworden. Im Unterricht sieht mich keiner mehr an. Mr Ralph bittet mich nicht mehr vorzuspielen.

Da nehme ich mir vor, auch ohne Aufforderung zu spielen. Ich setze meine Mundharmonika an die Lippen. Meine Mundharmonika? Es ist nicht meine Mundharmonika. Kalt liegt sie in meiner Hand. Feindselig. Sie will meine Melodie nicht spielen. Ein schwacher

Schauder läuft mir über den Rücken. Fest umspannen meine zitternden Finger die Mundharmonika und zwingen sie an die Lippen. Ich blase kräftig hinein. Ein scheußlicher, bläkender Ton fährt aus dem Instrument.

Alle in der Klasse stöhnen. Der Lärm tut ihnen in den Ohren weh. Ich versuche es noch einmal und die Mundharmonika wird wie verrückt in meinen Händen. Sie krümmt und windet sich, als sei sie lebendig. Sie will fort. Ich packe sie noch fester und versuche zu spielen. Da passiert es. Etwas Schreckliches. Ich weiß nicht wie. Ich weiß nicht warum. Aber auf einmal ist die Mundharmonika in meinem Mund! Quer steckt sie darin, als hätte ich eine Banane hineingeklemmt. Meine Wangen sind bis aufs Äußerste gedehnt. Es tut schrecklich weh. Der Schmerz ist furchtbar. Meine Augen tränen. Aus dem Musikinstrument ist ein Folterinstrument geworden.

Schwankend stehe ich auf. Wenn ich atme, kreischt die Mundharmonika jedes Mal auf. Ein. Aus. Ein. Aus. Entsetzliche, gellende Schreie. Ich keuche, und die Mundharmonika keucht mit mir. Es ist ein fürchterliches Geräusch. Die anderen halten sich die Hände über die Ohren. Sie wollen das Gekreische nicht hören. Die Luft erzittert von pfeifenden Dissonanzen.

Gequälte und furchtsame Blicke treffen mich, als ich taumelnd zur Tür wanke. Ich bin wütend. Es ist schließlich nicht meine Schuld. Ich will doch nur wieder gutmachen, dass ich den Baum getötet habe! Ich will doch nur Geld verdienen für einen neuen! Warum hassen sie mich jetzt alle? Ich hasse sie auch.

Die Melodie ist ein Lied von Schmerz und Leid. Sie

gibt den Blick frei auf unergründliche Tiefen des Bö-
sen. Es ist der Klang gebrochener Herzen, der Klang
von Kriegen und Krankheit. Von Mord und Diebstahl.
Von Rache und unverziehenen Missgeschicken. All das
lese ich in den Augen von Mr Ralph und den Kindern.
Ich habe tief in meinem Innersten Dämonen wachge-
rüttelt.

Die andern kommen auf mich zu. Sie umstellen
mich und zeigen mit ausgestreckten Fingern auf mich.
Ihre Fingernägel sind wie Krallen. Ich breche durch sie
hindurch und renne los. Wie von Sinnen packe ich
meine Gitarre und stürme zur Tür hinaus.

6

Die Sonne scheint nicht mehr. Ein kühler Wind fegt mir
in die tränenden Augen. Eiskalter Regen fällt. Mit jedem keuchenden Atemzug schreit die Mundharmonika auf. Ich stolpere über den Schulhof.

Trotz der brüllenden Schreie, die aus meinem Mund
kommen, folgt mir Mr Ralph mit der ganzen Schule.
Sie wollen mein Blut. Ich habe sie in wilde Tiere verwandelt. Das Herz pocht mir gegen die Rippen. Meine
Lungen schreien nach Ruhe. Die Mundharmonika
spielt das Lied meiner Flucht und alle können es hören.

Taumelnd laufe ich durch die Stadt. Immer noch
steckt die Mundharmonika in meinem Mund. Ich kann
sie nicht herausnehmen. Ladeninhaber und Farmer
schließen sich der Jagd an. Mein Lied von Leid und
Tränen bringt die Leute in Aufruhr. Sie wollen alles

tun, damit es aufhört. Ich schwanke und stürze schließlich unter dem Magnolienbaum zu Boden. Ich bin völlig am Ende. Mein Atem geht mit schrillem Pfeifen. Die Menge umringt mich.

Ich kann sie nicht ausstehen! Warum haben sie mir das angetan? Warum lassen sie mich nicht in Ruhe? Mein Blick fällt auf den toten Baum. Ich wünschte, sie wären genauso: aus Holz. Mit hölzernen Herzen.

Die Mundharmonika plärrt mit jedem Atemzug mein schreckliches Hasslied hinaus. Plötzlich erstarren alle – die Kinder, die Ladeninhaber, die Farmer, Mr Ralph. Jeder von ihnen erfüllt meinen Wunsch. Sie werden vor meinen Augen zu Holz. Hölzerne Gesichter. Hölzerne Kleider. Hölzernes Haar. Augen, die nicht sehen. Ich bin plötzlich ganz allein. In einer Straße voller Statuen. Nicht länger dürsten sie nach meinem Blut. Sie stehen da wie Grabsteine im Regen. Starr und stumm. Mit wutverzerrten Gesichtern.

Für einen Augenblick bin ich wie betäubt. Wieder versuche ich die Mundharmonika von meinen zitternden Lippen zu nehmen, aber sie rührt sich nicht von der Stelle. Sie will den Ort, den sie sich ausgesucht hat, nicht verlassen.

Eine Tür schlägt auf. Es ist Dr. Jenson. Sprachlos vor Staunen bleibt er erst einmal stehen und starrt auf die reglosen Figuren auf der Straße. Er steht in entgegengesetzter Windrichtung. Mein Terrorlied hat er noch nicht gehört. Er kann mich erlösen. Er ist Arzt. Er würde es schaffen, mir dieses elende Ding aus dem Mund zu nehmen. Schon läuft er auf mich zu und plötzlich, mitten im Schritt, bleibt er stehen. Und wird zu Holz, sobald ihm die ersten Töne zu Ohren kommen.

In der Stille der Straße wird mir auf einmal klar, was geschehen ist. Ich kann nicht nach Hause! Mum und Dad würden auch zu Holz werden. Ich kann nirgendwo hin, wo Menschen in der Nähe sind! Es gibt keinen, der mir helfen kann.

Oder doch?

7

Ob der junge Mann noch unten am Fluss ist? Er ist meine einzige Hoffnung. Ihm gehört die Mundharmonika. Wenn ich sie bloß zurückgeben könnte!

Ich torkle aus der Stadt hinaus. Vorbei an der Schule. Vorbei an Mr Hardbristles verlassener Veranda. Hinaus in den Busch. Zum Fluss hinunter. Von dem Mann keine Spur. Die kalte Strömung treibt vorbei. Am Ufer entlang folge ich dem Fluss. Hoffe verzweifelt, den Besitzer der Mundharmonika zu finden.

Zwischen meinen Wangen habe ich eine Mundharmonika. Und in meiner Hand eine Gitarre.

Meine Füße tragen mich den Hang hinauf. Immer höher. Der Fluss liegt weit unterhalb. Schließlich stehe ich auf einer felsigen Plattform, von der aus man den Fluss wie ein Seil im Tal liegen sieht.

Ich entdecke ihn. Da ist er! Er hat mir den Rücken zugewandt und geht auf den Wald zu. Ich schreie, aber es kommt kein Schrei heraus. Nur hässliche Dissonanzen dröhnen bei jedem Atemzug.

Furcht packt mich. Was, wenn meine Musik den jungen Mann in Holz verwandelt? Wer wird mir dann helfen? Ich versuche, nicht zu atmen. Ich winke ihm mit der Gitarre, aber er kehrt mir den Rücken zu. Oh, oh, oh. Wer hilft mir? Noch einmal winke ich. Aber es hat keinen Zweck, einem Hinterkopf Zeichen zu geben.

Ich sehe mich nach einem Stein um. Nach einem Felsbrocken. Nach einem Zweig. Nach irgendetwas, das ich werfen und damit seine Aufmerksamkeit erregen könnte. Aber es ist nichts da. Der Wind hat die Felsenklippe sauber gefegt. Ein paar in Spalten gewehte Blätter sind alles, was ich finde. Verzweifelt werfe ich sie über die Felsenkante, aber der mörderische Wind treibt jedes einzeln davon.

Die Gitarre. Sie ist alles, was ich habe. Ich werfe sie hoch in die Luft.

Meine vierundachtzig Dollar fallen heraus und wirbeln dem Wasser entgegen. Das Geld ist futsch. Und die Gitarre segelt durch die Luft und überschlägt sich. Der Wind scheint sie auf sanften Händen davonzutragen. Mir ist, als höre ich wie von unsichtbaren Fingern gezupfte, leise Akkorde. Die Gitarre wirbelt hoch durch die Luft, dreht sich und schlägt schließlich auf einem Felsenvorsprung neben dem jungen Mann auf. Sie zersplittert in tausend Stücke.

Der junge Mann schaut hoch. Er erkennt mich und lächelt. Und er wartet auf mich.

Es kostet mich eine Stunde, um ihn zu erreichen. Eine geschlagene Stunde! Und blutige Knie und zerschrammte Hände. Eine Stunde der qualvollsten Töne, die ich durch meine geweiteten Lippen keuche, wo ich ein Lächeln vortäusche.

Endlich bin ich bei ihm. Der Laut meines pfeifenden Atems hat keine Wirkung auf ihn. Er verwandelt sich nicht in Holz. Er legt mir die Hände an die Wangen und dann zieht er behutsam die Mundharmonika aus meinem Mund.

„Sie hilft denen, die Gutes tun", sagt er. „Und sie wird zum Verhängnis für die, die Böses tun."

Tränen laufen mir über die Wangen. „Ich wollte nur Geld für einen Baum damit verdienen", schluchze ich. „Aber alles ist schief gegangen." Ich muss an die stummen Standbilder in der Stadt denken.

Der junge Mann gibt mir die Mundharmonika. Wir wissen beide, was getan werden muss. Wortlos gehen wir zurück zur Stadt. Die Leute stehen alle noch da. Immer noch stumm. Immer noch aus Holz.

Ich setze die Mundharmonika an die Lippen und fange zu spielen an. Die lieblichste Melodie ertönt. Es ist das Lied von der Geburt der Welt. Es erzählt, wie eine Blüte sich öffnet. Es erzählt von einer Mutter, deren Träne auf die Wange ihres Babys fällt. Es erzählt von den ersten Schritten eines Fohlens. Es ist das Versprechen neuen Lebens.

Meine Wünsche gehen in Erfüllung. Erstarrte Gliedmaßen regen sich. Hölzerne Lippen lächeln. Die Menschen sind wieder Menschen. Sie sind gefangen von der Melodie. Sie sind glücklich. Sie erinnern sich nicht an meine hasserfüllten Lieder. Sie wiegen sich zu meinem neuen Lied. Alles ist vergessen.

Ich schaue zu Mr Hardbristles Fenster hinüber und entdecke sein Gesicht hinter der Scheibe. Es verschwindet. Dann kommt er heraus und starrt den Magnolienbaum an. Die verdorrten Blätter sind nicht mehr verdorrt. Sie sind grün und frisch. Meine Musik hat den Magnolienbaum wieder ins Leben gerufen.

Lächelnd wendet sich der junge Mann an mich. „Ein Lied musst du noch spielen", sagt er.

Ich schließe die Augen und lege die Mundharmonika an die Lippen. Ich spiele nur von Liebe. Von nichts anderem.

Als ich meine Augen öffne, lächelt Mr Hardbristle. Alle lächeln.

Und der Magnolienbaum steht in voller Blüte.

Der Thron aus Samt

1

Mr Simpkin beschloss von zu Hause wegzulaufen. Aber erst in zwölf Stunden. Wenn es dunkel war, wollte er sich aus dem Bett stehlen und auf Zehenspitzen die Treppe hinunterschleichen. Gobble würde nichts davon merken. Er würde um diese Zeit längst schlafen. Und schnarchen wie gewöhnlich.

Der Kessel begann zu pfeifen. Mr Simpkin eilte in die Küche, um Gobble Kaffee zu kochen, so wie er es gern hatte. Vier Löffel Zucker. Sahne, keine Milch. Fünfeinhalbmal umrühren. Nicht mehr, nicht weniger. Plötzlich schnellte der Toaster hoch. Mr Simpkin griff nach der Toastscheibe und strich Butter darauf. Er musste sich beeilen. Kalten Toast konnte Gobble nicht ausstehen. Er war heikel, was sein Essen anging.

Die gekochten Eier waren auch fertig. Neun Stück. Für jedes Ei gab es eine kleine Wollmütze zum Warmhalten.

„Beeil dich, du Idiot!", rief Gobble aus seinem Zimmer. Er wartete nicht gern auf sein Frühstück.

Mr Simpkins Hände zitterten. Er hastete in das Schlafzimmer seines Bruders. „Bin schon da", sagte er nervös. „Alles ganz genau wie gewünscht."

Gobble versuchte sich im Bett aufzusetzen. Er war sehr, sehr dick. Das Bett sackte ein. Es ächzte und knackte. „Hilf mir auf!", befahl Gobble. „Steh nicht rum wie ein Trottel!"

Mr Simpkin setzte das Tablett auf dem Boden ab. Dann bemühte er sich, Gobble auf seine Kissen zu hieven. Aber er schaffte es nicht. Seine Arme waren zu dürr, seine Muskeln zu schwach. Sein Gesicht lief rot an, als er an dem übergewichtigen Körper zog und zerrte. Gobble stieß ihn weg. „Unbrauchbar. Absolut unbrauchbar", knurrte er, während er sich mühsam aufrichtete.

Mit bebenden Händen platzierte Mr Simpkin das Tablett auf dem Bett. „Neun Toasts mit Aprikosenmarmelade", sagte er. „Und vier mit Orangenmarmelade. Dein Lieblingsfrühstück." Mr Simpkin lächelte seinem dicken Bruder zu. Aber das Lächeln verging ihm schnell.

„Idiot!", schrie Gobble. „Ich habe zwölf Toasts mit Orangenmarmelade bestellt und vier mit Aprikosenmarmelade!" Er nahm eine Scheibe Toast und schleuderte sie gegen die Wand. Einen Augenblick blieb sie hängen, klebte an der Tapete. Dann rutschte sie langsam abwärts und hinterließ eine Marmeladenspur.

„Mach das sauber!", donnerte Gobble. „Und dann bring mir die Zeitung! Immer vergisst du die Zeitung."

Mr Simpkin huschte davon, um einen Schwamm zu holen. „Ja, Arnold", sagte er leise.

Gobble hieß nicht wirklich Gobble. Er hieß Arnold. Aber Mr Simpkin nannte ihn in Gedanken immer Gobble, Gierhammel. Er war zu ängstlich, um es laut zu sagen. Aber es tat ihm gut, wenn er es wenigstens dachte. Er lächelte vor sich hin. Arnold würde ganz schön wütend werden, wenn er es wüsste.

2

Mr Simpkin machte die Wohnungstür auf und ging die Treppe hinunter, um die Zeitung zu holen. Die Treppe hatte fünfzehn Absätze. Er rannte, so schnell er konnte, denn er musste noch sein eigenes Frühstück herrichten und dann zur Arbeit hasten. Er kam nicht gern zu spät.

Während Gobble im Bett die Zeitung las, bereitete sich Mr Simpkin sein Frühstück. Die Eier durfte er nicht essen. Oder das Brot. Oder die Haferflocken. Er nahm eine Büchse Schafsaugen aus dem Kühlschrank und machte sie auf. Letzte Woche beim Einkaufen hatte er versehentlich eine Dose Schafsaugen gekauft – er hatte gedacht, es wären Austern. Gobble war empört gewesen. „Du hast sie gekauft", hatte er gebrüllt. „Also isst du sie auch!"

Mr Simpkin öffnete die Dose und schüttete den Inhalt auf einen Teller. Mit einem Schmatzer flutschten die widerlichen, wabbeligen Augen heraus. Sie schienen ihn anzustarren. Der Geruch war absolut ekelhaft. Mr Simpkin war hungrig. Aber so hungrig auch wieder nicht. Er konnte die Dinger einfach nicht essen. Er stellte den Teller in den Kühlschrank zurück und ging zur Wohnungstür.

„Auf Wiedersehen, Gobb... ich meine Arnold!", rief er.

„Heute ist Zahltag", ließ sich Gobble hören. „Dass du ja auf schnellstem Weg nach Hause kommst mit dem Geld! Und lass den Umschlag zu! Ich will nicht, dass du unser Gehalt für dummes Zeug verplemperst!"

„Ja, Arnold", flüsterte Mr Simpkin. Er schleppte sich zur Arbeit. Gobble war noch nie einer Arbeit nachgegangen. Er lag nur im Bett, aß Schokolade und sah fern, während der arme, kleine Mr Simpkin den ganzen Tag in der Düngerfabrik schuftete.

An jedem Wochenende übergab Mr Simpkin Gobble den Umschlag mit seinem Lohn. Hatte Gobble gute Laune, ließ er sich herab, Mr Simpkin ab und zu ein paar Dollar zu schenken.

Mr Simpkin schaffte es gerade noch rechtzeitig. Er verbrachte den Tag damit, Düngersäcke abzufüllen. Es war schwere Arbeit. Sein Hunger wurde immer heftiger. Sein Magen knurrte. In der Mittagspause hatte er nichts zu essen. Bevor er die Schafsaugen nicht aufgegessen hatte, würde Gobble ihm kein Geld für Essen geben. Mr Simpkin war zu ängstlich, um sie in den Abfluss zu werfen – es könnte sein, dass Gobble ihn dabei ertappte.

„Isst du denn gar nichts?", fragte Tom Richards, der Meister.

„Hab keinen Hunger", sagte Mr Simpkin. Er leckte sich über die Lippen und sah niedergeschlagen zu, wie Tom seine Sandwiches verdrückte.

Nach der Arbeit holte Mr Simpkin seine Lohntüte ab und machte sich langsam auf den Heimweg. Gobble würde sich das Geld in die Tasche stecken. Er würde Mr Simpkin zum Tee Schafsaugen essen lassen. Selbst würde er – während Mr Simpkin zusehen müsste – Pudding und Kuchen in sich hineinstopfen.

Es nieselte. Mr Simpkin ging langsamer und langsamer. Er dachte an seinen Plan, von zu Hause wegzulaufen. Warum bis heute Nacht warten? Warum nicht jetzt weglaufen? Das Geld behalten. Es war schließlich *sein* Geld. Er könnte ein neues Leben beginnen. Sich nach einer anderen Arbeitsstelle umsehen, wo Gobble ihn nicht finden könnte.

Übernachten könnte er in einem Motel.

Gobble bewahrte in einer Dose unter dem Bett tausende Dollar auf. Alles Geld, das Mr Simpkin verdient hatte. Er wünschte, er hätte einen Teil davon, aber er wusste genau, dass Gobble nichts herausrücken würde.

3

Die Straßen waren voller Menschen, die von der Arbeit nach Hause eilten. Es war kalt. Aber Mr Simpkin lächelte. Er riss den Umschlag mit seinem Lohn auf. Die Dollarnoten waren ordentlich zusammengefaltet. Sie gehörten alle ihm. Es war ein großartiges Gefühl für ihn, seine eigene Lohntüte zu öffnen.

Er würde es tun. Sofort würde er in ein Motel gehen und sich dort einquartieren. Er würde ein üppiges Essen bestellen. Die Schafsaugen konnte Gobble essen, wenn er wollte. Mr Simpkin kicherte unterdrückt. Ein Motel. Jawohl, in ein Motel würde er gehen. Aber zuerst musste er eine Toilette finden. So viel Unruhe machte ihn nervös. Er musste aufs Klo.

In der Nähe war ein Park. Mr Simpkin rannte über den nassen Rasen. Bald war er von Bäumen umgeben. Es wurde langsam dunkel. Wo war die Toilette? Irgendwo hier war doch eine.

Aha, da! Unter den Bäumen. Ein steinernes Gebäude. Wie ein Gefängnis.

Mr Simpkin sah auf seine Armbanduhr. Zwei Minuten vor fünf.

Er fand das Schild MÄNNER und eilte durch die Tür.

Jemand hatte auf die Wand geschrieben. Überall war Gekritzel. Mr Simpkin las es nicht. Bei solchen Wandschmierereien handelte es sich gewöhnlich um Grobheiten. Er versuchte keinen Blick auf die krakelige Schrift zu werfen. Aber er konnte nicht anders – direkt über seinem Kopf stand:

1. DIESES GEBÄUDE WIRD UM FÜNF UHR GESCHLOSSEN

Ein lautes Klirren war zu hören und dann das Geräusch eines Schlüssels, der im Schloss umgedreht wird.

Erst reagierte Mr Simpkin nicht. Dann wurde ihm klar: Jemand hatte das Tor zugemacht und verschlossen. Er rannte zu dem Eisentor hinüber. Es war mit einer Kette und einem Vorhängeschloss gesichert. „He!", rief er gedämpft. „Ich bin hier drin!"

Schreien war Mr Simpkin zu peinlich. Er hörte Schritte, die sich entfernten. „Entschuldigen Sie", rief er zaghaft. „Äh, entschuldigen Sie!"

Das Geräusch der Schritte verklang. Niemand antwortete auf seinen Ruf. Er war allein. Eingesperrt in eine öffentliche Toilette. In einer kalten, feuchten Nacht.

Er riss seinen ganzen Mut zusammen. „Hilfe!", schrie er. „Hilfe! Hilfe! Hilfe!"

Der Park schwieg. Die Toilette schwieg. Er sah zur Decke, wo in der Dunkelheit eine einsame Glühbirne schimmerte. Es gab keinen Ausweg. Er war gefangen.

4

Die Nacht wurde allmählich kälter. Mr Simpkin fröstelte und wickelte sich fester in seinen Mantel. „Hilfe!", rief er noch einmal. „Hilfe! Hilfe! Hilfe!"

Lautlos tröpfelte der Regen. Es kam keine Antwort. Er wusste, dass bis morgen niemand kommen würde. Er sah sich nach einer Sitzgelegenheit um. Der Boden war feucht und kalt. Und er hatte Hunger.

Er fing an, die Graffiti eingehender zu betrachten. Da war noch eins mit einer Nummer.

2. DER BESTE PLATZ IM HAUS

Ein Pfeil wies zu einer der Kabinen. Auf Mr Simpkins Gesicht erschien ein schwaches Grinsen. Da hatte jemand Sinn für Humor. Er folgte dem Pfeil in die Kabine. Und hielt die Luft an. Der Toilettensitz war mit Samt überzogen! Die Kloschüssel glänzte wie Gold. Der Knopf am Spülkasten war ein Diamant. Die Toilette war eher ein Thron als ein Klo.

Verrückt! Wieso hatte hier jemand so einen herrlichen Sitz angebracht? Vandalen konnten ihn im Nu zerstören.

Er sah sich in der Kabine um. Da war noch ein nummerierter Graffitispruch. Er lautete:

3. NICHT STEHEN

Plötzlich spürte Mr Simpkin ein unwiderstehliches Bedürfnis, sich zu setzen. Seine Beine schienen ihn zum Gehen zu zwingen. Er machte ein paar Schritte und ließ sich auf dem samtüberzogenen Toilettensitz nieder. Er wollte stehen bleiben, aber er konnte nicht. Jedenfalls hatte er das Gefühl, er könnte nicht. Wahrscheinlich war er einfach ein bisschen müde. Ja, das war es wohl.

In der Düsternis schlurfte etwas. Mr Simpkin starrte in die Ecke. Da bewegte sich ein Schatten. Huschte hin und her. Mr Simpkin blieb fast das Herz stehen. Eine Gänsehaut lief ihm über den Körper.

Eine Ratte. Er konnte Ratten nicht ausstehen. Er hob die Füße vom Boden hoch. „Ksch!", machte er leise. „Fort mit dir!"

Die Ratte verschwand in einem Loch.

Langsam verstrichen die Minuten. Mr Simpkin saß da und starrte lauernd auf die Stelle, wo die Ratte gewesen war, aber sie war nicht mehr zu sehen. Nach einer Weile bemerkte er noch mehr nummerierte Graffiti. Auf dem Klopapierhalter stand gekritzelt:

4. ROCK 'N' ROLL

Noch so ein Scherz. Mr Simpkin starrte den Klopa-

pierhalter an. Er bewegte sich. Mr Simpkin war überzeugt, dass er sich bewegte. Dass er sich leicht schüttelte.

Mr Simpkin bebte vor Angst. Hier ging etwas
Merkwürdiges vor sich. Er wollte raus aus diesem Klo.
Da machte jemand Witze. Und die fand Mr Simpkin
gar nicht komisch.

5

Der Klopapierhalter fing jetzt an sich ruckweise zu bewegen. Vor und zurück. Auf und nieder. Gleichmäßig,
wie ein Musiker den Takt mit den Füßen klopft. Er
wippte zu einer lautlosen Musik, schüttelte sich im
Takt einer Melodie. Mr Simpkin war, als hätte er sie
schon mal irgendwo gehört. Er war sicher, dass es ein
altes Rock-'n'-Roll-Stück war.

Ohne Vorankündigung hörte das Schütteln auf.

Obwohl es kalt war, fing Mr Simpkin zu schwitzen
an. Er war in einer verrückten Toilette gefangen wie
eine Ratte.

Er versuchte, sich die Sache zusammenzureimen.
Mit diesen Wandschmierereien hatte es etwas Beson-
deres auf sich. Das erste nummerierte Graffito war:
„Dieses Gebäude wird um fünf Uhr geschlossen". Und
es war geschlossen worden. Auf die Minute. Daran
war noch nichts Merkwürdiges.

Das nächste aber war: „Der beste Platz im Haus".
Und es *war* der beste Platz! Und der komischste.

Danach kam das „Nicht stehen". Da hatte es ihn

gedrängt, sich zu setzen. Und was war mit dem Rock-
'n'-Roll-Klopapierhalter? Der hatte angefangen, sich
im Rock-'n'-Roll-Rhythmus zu schütteln. Oder war es
nur der Wind gewesen, der ihn vibrieren ließ?

Mr Simpkin hatte das Gefühl, dass er nahe dran war,
den Verstand zu verlieren. Aber wenn man verrückt
wird, ist man der Einzige, der nichts davon merkt. Er
aber machte sich Gedanken, ob er normal war oder
nicht. Also konnte er nicht verrückt sein. Oder?

„Reiß dich zusammen, Mann", sagte er leise zu sich
selbst. Seine Stimme hallte durch die kahle Toilette.

Es gab nur eine Erklärung. Er versuchte den Gedanken aus seinem Hirn zu verbannen. Ihn nicht zu denken. Aber der verdrängte Gedanke bahnte sich seinen
Weg in Mr Simpkins Hirnwindungen: Die Graffitisprüche erfüllen sich. Werden Wirklichkeit. Was an der
Wand steht, tritt tatsächlich ein.

Mr Simpkins Hände fingen an zu zittern. Er rannte
zu dem versperrten Tor und rüttelte an den Stäben.
„Hilfe!", schrie er. „Lasst mich hier raus!"

Der Regen tropfte und rauschte, aber eine Antwort
kam nicht.

Er rief und brüllte. Stieß und schrie. Aber die einsame Nacht antwortete nicht.

Schwerfällig ging er zurück zu dem Samtsitz und
setzte sich. Er schloss fest die Augen. Er wollte nicht
lesen, was an der Wand stand. Er war zu furchtsam,
um auch nur daran zu denken.

Ein Geräusch durchbrach die Stille. Eine Türangel
quietschte laut. Mr Simpkin riss die Augen auf. Langsam schwang die Kabinentür nach außen.

Unterhalb der Tür war ein breiter Spalt. Direkt über diesen Spalt war gekritzelt:

5. VORSICHT, LIMBO-TÄNZER

Noch ein Witz. Aber Mr Simpkin musste nicht lachen. Seine Lippen waren zu einem irritierten Grinsen erstarrt. Die Zunge klebte ihm trocken am Gaumen. Die Augen traten ihm aus den Höhlen.

Musik setzte ein. Es hörte sich an, als ob eine komplette Band in der Toilette spielte. Ein unsichtbares Orchester. Er kannte die Melodie. *The Limbo Rock.* Da da da da dada. Da da da da. Es brauste und sauste. Wogte und tobte.

Plötzlich füllte eine tanzende, hin und her schwankende Reihe von Menschen das kahle Gebäude. Sie schienen aus dem Nichts aufzutauchen. Sie trugen verrückte Hüte und bliesen in Partypfeifen. Sie klatschten in die Hände und warfen die Beine hoch. Die Reihe wankte und schwankte und näherte sich der Kabinentür.

Einer nach dem anderen bogen die Partygäste ihren Körper zurück bis fast auf die Erde und schoben sich unter der offenen Tür hindurch. Von Mr Simpkin nahmen sie keine Notiz. Er war wie ein ungeladener Gast auf einem Bankett. Reglos und verängstigt saß er auf seinem Samtsitz, als die Reihe der Tänzer noch einmal erschien. Ohne Warnung schlug eine Windbö die Tür zu. Sie fiel mit einem Knall ins Schloss. Mr Simpkin wimmerte und presste die Augen zusammen. Als er sie wieder öffnete, waren die Tänzer verschwunden. Er war wieder allein. Stille folgte der Musik.

Was ging hier vor sich? Was? Was? Was? War das ein Albtraum? Jeder der nummerierten Graffitisprüche wurde Wirklichkeit. Was stand noch alles da? Die Leute schmierten fürchterliche Dinge auf Toilettenwände.

Über seinem Kopf las er:

6. IN DER MORGENDÄMMERUNG IM LOKUS ERTRUNKEN

Mr Simpkin schrie gellend auf. Er sprang von seinem Samtsitz und starrte ins Wasser hinunter. „Nein!", kreischte er. „Nur das nicht! Nein, nein, nein!"

Er machte einen Satz zur Ecke hin und hielt sich so weit von der Kloschüssel entfernt wie möglich. Er kauerte sich auf den Boden und rollte sich zu einer Kugel zusammen. Er schloss die Augen, er wollte absolut nichts mehr lesen. Er versuchte zu schlafen. Damit er aus diesem entsetzlichen Albtraum erwachen konnte.

Aber der Schlaf kam nicht. Da hockte er, ohne Bewegung, und die Minuten und Stunden schlichen dahin. Sein Magen knurrte. Seine Beine waren steif. Er dachte, sein Leiden würde nie aufhören. Doch schließlich krochen die ersten Sonnenstrahlen durch die Stäbe am Eisentor.

Morgendämmerung.

Mr Simpkin zitterte. Er sah sich nach einer Waffe um. Er fand nichts.

Sein Blick blieb an einem Schatten hängen, der sich an der oberen Kante der Kabinenwand entlangbewegte. Es war die Ratte. Sie kroch vorwärts. Mr Simpkin zog sich noch mehr in sich zusammen. Was, wenn die Ratte ihn ansprang? Wenn sie mit entblößten Reißzähnen durch die Luft auf ihn zustürzte?

Lieber nicht abwarten. Er stand auf und fuchtelte mit den Armen. „Ksch!", machte er laut. „Hau ab! Verschwinde!"

Die Ratte fuhr erschrocken zusammen. Sie richtete sich auf die Hinterbeine auf. Und rutschte ab. Taumelnd fiel sie in die Toilette mit dem Samtsitz. Mit der Geschwindigkeit einer Kobra machte Mr Simpkin einen Sprung durch die Kabine und drückte auf den Diamant-Spülknopf.

Die Ratte verschwand in einem gurgelnden Wasserschwall.

Mr Simpkin sank in sich zusammen. Der Spruch hatte sich bewahrheitet. Die Ratte war in der Morgendämmerung ertrunken.

Er fragte sich, was wohl noch da stand. Es hatte keinen Zweck, sich länger davor zu drücken. Er suchte die Wände nach weiteren nummerierten Graffiti ab und entdeckte noch einen Spruch. Er lautete einfach:

7. Nirgendwo ist es wie zu Hause

Plötzlich war ein Klirren zu hören. Ein Schlüssel, der sich im Schloss drehte. Das Eisentor war offen.

Mit einem letzten Blick sah sich Mr Simpkin in seinem Gefängnis um. Und floh. Von einem Pförtner war keine Spur zu sehen. Wer hatte das Tor geöffnet? Er wusste es nicht. Egal. Er war frei. Er floh durch den Park.

„Nirgendwo ist es wie zu Hause" – kann man wohl sagen, dachte er. Wenn er sich beeilte, war er vielleicht zurück, bevor Gobble aufwachte. Er könnte ja Gobbles Frühstück besonders lecker zubereiten. Er würde ihm den Umschlag mit seinem Lohn geben. Vielleicht verzieh ihm Gobble, dass er eine Nacht blaugemacht hatte.

Wenn nicht, nun, er würde die Bestrafung wohl hinnehmen müssen, die Gobble sich für ihn ausdenken würde.

Alles war besser, nur nicht noch eine Nacht in dieser entsetzlichen Toilette! Von zu Hause weglaufen war ein großer Fehler gewesen.

Er hatte Hunger. Er starb fast vor Hunger. Wenn er erst Gobble versorgt hatte, wollte er sich selbst eine ausgiebige Mahlzeit zurechtmachen, und zwar …

Schafsaugen.

Mr Simpkin hörte zu rennen auf. Langsam und mit schwerfälligen Schritten ging er weiter. Seine Schultern waren gebeugt, als trüge er eine schwere Last. Plötzlich blieb er stehen. Kehrte um. Rannte über den Rasen zurück.

Das Tor der Toilette stand noch offen. Er hastete hinein und sah auf seine Uhr. Zwei Minuten vor sieben. Er kramte in seiner Tasche herum. Und fand, was er suchte – einen Bleistiftstummel.

Er zog ihn heraus und schrieb sorgfältig an die Toilettenwand:

8. Um sieben Uhr verschwindet Gobble für immer

Mr Simpkin lief schnell nach Hause. Er stürmte in die Wohnung. „Gobble!", rief er. „Bist du da, Gobble?" Keine Antwort. Sein Bruder war nirgends zu finden.

Cry Baby

1

Okay, ich hätt's nicht tun sollen. Ich war dumm.

„Wer ist dafür verantwortlich?", fragte Mr Kempsy. Er zeigte auf die Pinnwand.

„Cry Baby", sagte jemand.

„Steh auf, Gavin!", sagte Mr Kempsy.

Er hätte mich nicht dazu auffordern müssen. Schon die ganze Woche über war ich – ganz ohne Aufforderung – immer wieder aufgestanden. Ich trat vor die Klasse. Durch das Fenster konnte ich die Wüste sehen, die sich weit in der Ferne verlor. Wär ich nur dort! „Hast du diese Zeichnung fabriziert?", fragte Mr Kempsy. Er wusste, dass ich es gewesen war. Deshalb fragte er. Ich nickte. „Nun", sagte er, „dann erzähl uns mal, wie du das gemacht hast."

Alle schauten an die Wand, wo mein Bild hing. Ich hatte es „Elefantenohren" genannt, weil es so aussah.

„Also", sagte Mr Kempsy. „Wir warten." Er wusste, wie ich es gemacht hatte. Sonst hätte er nämlich gar nicht gefragt.

Ich holte tief Luft. „Letzte Woche bin ich nach der Schule ins Lehrerzimmer gegangen", sagte ich.

„Ja", knurrte er.

„Dann hab ich meine Hosen runtergezogen, hab mich auf den Kopierer gesetzt und auf den Knopf gedrückt."

Also wirklich, so einen Spektakel habt ihr noch nicht gehört! Die ganze Klasse spielte verrückt. Sie lachten, bis ihnen die Tränen über die Wangen liefen. Ich stand da wie blöd. Mein Gesicht war rot und mein verbranntes Hinterteil auch.

Mr Kempsy lachte nicht. Er wies mich für eine Woche von der Schule.

Mum lachte auch nicht. Sie redete mir ins Gewissen, sie redete und redete und redete. Wie es Eltern eben so machen.

Das ist das Schlimmste, wenn man Kind ist: Man weiß nie, wann man sein Fett abkriegt. Jeden Augenblick kann das passieren. Eben noch läuft alles bestens und auf einmal – zack – ist man erledigt. Auch wenn man am wenigsten damit rechnet.

So wie es mir in den Tagen nach der Sache mit den Elefantenohren und Mr Kempsy ergangen ist. Lasst mich erzählen. Ich durfte also nicht in die Schule und musste zu Hause bleiben. Mum redete nicht mit mir, also lief ich mit Jammermiene herum und fühlte mich schrecklich. Nachdem sie gefahren war, machte ich mich – ohne extra Anweisung – über einen ganzen Berg von Arbeiten her. Ich bemühte mich wieder gutzumachen, was ich angestellt hatte. Als ich mit dem Abwasch fertig war, stand ich im Wohnzimmer herum und sah fern.

Auf dem Kaffeetisch hatte Mum ihren neuen Schreibblock liegen lassen. Das erscheint euch vielleicht nicht besonders wichtig, aber ihr müsst bedenken, dass Mum mir einmal Folgendes eingeschärft hat: „Diesen Schreibblock, Gavin, rührst du nicht an. Er hat Tante Nellie gehört und es sind nur noch wenige Seiten drin. Es sind kostbare Seiten."

Tante Nellie war ertrunken, als sie ihr Paddelboot vor ein Schiff mit einer Ladung Holz aus dem Regenwald gesteuert hatte. Das Schiff hatte ihr Paddelboot in zwei Hälften gerissen und Tante Nellie wurde nie mehr gesehen. Mum hatte in der Küche ein Foto von Tante Nellie aufgehängt und oft stand sie davor und betrachtete es nachdenklich.

Ich war jedenfalls, wie gesagt, im Wohnzimmer und sah fern – einen Film mit dem Titel *Der alte Mann und das Meer.*

Der Schreibblock lag auf dem Kaffeetisch. Er war aus feinem, dünnem Papier mit einer Skizze obendrauf. Bäume – ein herrlicher Wald, der sich über das Deckblatt hinzog. Ich wollte es nur mal näher ansehen. Nicht etwa hineinschreiben. Auch keine Seite herausreißen. Ich wollte nur das Bild anschauen. Da war doch wirklich nichts dabei, oder?

Ich nahm also den Block in die Hand und setzte mich.

Nun sollt ihr erfahren, warum sie mich Cry Baby nennen. Die ganze Woche, versteht ihr, war es mir immer wieder passiert, dass ich nicht an mein verbranntes Hinterteil gedacht hatte. Jedes Mal, wenn ich mich setzte, tat es so weh, dass mir die Tränen in die Augen schossen.

Wie ihr wahrscheinlich schon vermutet habt, kamen mir auch jetzt die Tränen. Und tropften genau auf Mums kostbaren Schreibblock. Obwohl ich sofort aufsprang, war das ganze Ding durchnässt. Ich wischte die Tränen weg, aber es nützte nichts. Die Bäume hatten sich verbogen und verdreht und die Blätter sahen aus, als fielen sie von den Zweigen. Das Papier war feucht und fleckig.

Wie verrückt fing mein Herz zu klopfen an. Das war's. Das war mein Ende. Ich war erledigt. Erst die Elefantenohren und jetzt der Block. Mum würde mich umbringen. Ich dachte daran, loszurennen und einen neuen Block zu kaufen. Aber so einen besonderen würde ich nie finden, das wusste ich. Tante Nellies Block war so alt wie die Berge.

Mir wurde flatterig im Bauch. Mum würde jeden Moment zurückkommen. Ich ging hinaus, ob schon was von ihr zu sehen war. Grandpop war im Hof und packte gerade seinen Truck, weil er wieder mal eine Fahrt in die Wüste unternehmen wollte. „Was suchst du denn diesmal?", fragte ich.

Er hielt ein Foto hoch. „Das Größte überhaupt!", sagte er. „Den Wasserspeicherfrosch." Seine Hände zitterten vor Erregung. Es war der Wunsch seines Lebens, ein Exemplar des Wasserspeicherfroschs zu finden. Auf seinem alten, zerfurchten Gesicht war ein breites Lächeln eingegraben. Seine Augen zwinkerten. Es war die zehnte Tour, die er auf der Suche nach diesem

Frosch startete. Ich hatte Angst, er würde sterben, bevor er einen gefunden hatte.

Indem ich an etwas anderes dachte, versuchte ich die Vorstellung loszuwerden. Kein Problem. Brauchte nur daran zu denken was Mum mit mir machen würde, wenn sie nach Hause käme.

„Hab ich dir schon mal vom Wasserspeicherfrosch erzählt?", fragte Grandpop. Ich nickte, aber er fing trotzdem wieder mit seiner Geschichte an. „Dieser Frosch", sagte er, „lebt in der Wüste. Vor dem Sommer füllt er sich mit Wasser und gräbt sich in den Sand. Dort kann er Jahr um Jahr bleiben und auf Regen warten. Dann eines Tages kommt der Regen. Wasser sickert in den Sand und weckt den schlafenden Frosch. Er wühlt sich heraus und singt im Regen. Wunderbar. Herrlich." Er war ganz aufgeregt. Seine Schnurrbarthaare sträubten sich fast vor Begeisterung.

Grandpop warf die Trucktür zu und kramte seine Schlüssel aus der Tasche. „Sag deiner Mutter, ich komme übermorgen zurück", rief er mit seiner krächzenden, alten Stimme. Er sprang in den Truck und ließ den Motor an. In der Ferne hing eine Staubwolke, die näher kam. Es war Mums Landrover. Mir wurde schlecht. Ich konnte ihr nicht ins Gesicht sehen.

3

Okay, ich hätt's nicht tun sollen. Ich war dumm.

Aber ich hab's getan. Ich zog die hintere Tür von Grandpops Truck auf, stieg ein, kniete mich hin und versteckte mich unter einer Decke. Natürlich achtete ich darauf, dass ich mich nicht auf mein verbranntes Hinterteil setzte, das könnt ihr euch denken. Der Truck war voll gestopft mit Ausrüstungsgegenständen, wie man sie für eine Forschungsreise braucht. Hinter Grandpops Sitz war ein Vorhang quer durch den Wagen gespannt. Umgeben von Zeltplanen und Töpfen fühlte ich mich ziemlich sicher. Draußen donnerte Mums Landrover vorbei.

Ich musste in meinem Versteck bleiben, bis wir unseren Bestimmungsort erreicht hatten. Grandpop würde glatt umkehren, wenn er mich vorher fände. Der Truck schwankte und rumpelte. Es war heiß und ich bekam allmählich Durst.

Grandpop fing zu singen an. Den Text dachte er sich beim Singen aus. Es war ein melancholisches kleines Lied vom Wasserspeicherfrosch. Es erzählte davon, wie die Regentropfen fielen und die schlafenden Frösche weckten. „Ach, was wär das für ein Anblick!", schwärmte er.

Plötzlich hatte ich, mehr als alles auf der Welt, den Wunsch, Grandpop zu helfen, dass er vor seinem Tod einen Wasserspeicherfrosch fand. Dass ich auf Mums schwarzer Liste stand, schien mir überhaupt nicht mehr wichtig. Vor Aufregung vergaß ich sogar, wie durstig ich war.

Der Truck ruckelte weiter und weiter. Ich lag auf dem Bauch und träumte, dass ich derjenige sei, der den Wasserspeicherfrosch fand. Grandpop würde glücklich sein. Mum würde auch glücklich sein, weil sie Grandpop sehr liebte. Wahrscheinlich würde sie mir

dann nicht einmal Vorwürfe machen, dass ich weggerannt war oder ihren Schreibblock ruiniert hatte. Ich
musste einen Wasserspeicherfrosch finden. Zu unser
aller Wohl.

Da hörte ich das Dröhnen einer Hupe. Ich spähte
aus dem Rückfenster und sah zwei Kerle in einem auf-
gemotzten Auto. Es war ein roter Ford mit wuchtigen,
breiten Reifen. Der Fahrer drängte Grandpop, schneller zu fahren. Die staubige Straße war eng, überholen
ging nicht. Die Kerle sahen wirklich fies aus. Der Fahrer war voller Tätowierungen. Der Kerl neben ihm
bohrte in der Nase und gleichzeitig glotzte er uns an.

Armer alter Grandpop. „Schon gut, schon gut",
sagte er mit zitternder Stimme. „Ich fahr ja, so schnell
ich kann." Ich hörte es durch den Vorhang. Er konnte
mich nicht sehen, wie ich aus dem Rückfenster starrte.

Aber die zwei Männer in dem Ford konnten mich
sehen.

Okay, ich hätt's nicht tun sollen. Ich war dumm.

Aber ich konnte einfach nicht anders. Ich krümmte
den Zeigefinger und hielt ihn mir unter die Nase. Das
sah so aus, als hätte ich den Finger tief im Nasenloch.
Dann drehte ich mein Handgelenk hin und her und
zeigte mit der anderen Hand auf den Kerl, der in der
Nase bohrte.

Der hörte sofort auf. Sein Gesicht lief rot an. Der
große Ford machte plötzlich einen Satz und preschte in
einer Staubwolke an uns vorbei. Der Fahrer drückte
auf die Hupe und schnitt uns. Der Truck holperte und
rutschte auf dem Straßenrand. Für einen Augenblick
dachte ich, wir würden umkippen. Aber es passierte

doch nicht. Irgendwie gelang es Grandpop, den Truck auf der Straße zu halten. „Idioten!", schrie er, als der Ford in der Ferne verschwand. Hoffentlich würden wir diesen Kerlen nicht noch mal begegnen.

4

Meine Kehle war wie ausgedörrt. Hinten im Truck war ein Wasserbehälter, aber ich konnte nicht dran, ohne ein paar Kisten zu verrücken. Grandpop hätte es gehört.

Nach weiteren vier Stunden hielt der Truck an. Ich hörte Grandpop aussteigen. Ich linste durch das Fenster und sah, dass wir an einer dieser verlassenen, kleinen Tankstellen mitten in der Wüste waren. Auf einem großen Schild stand:

LETZTE TANKSTELLE VOR ALICE SPRINGS

Hinter dem Schild im Schatten sah ich einen roten Ford stehen.

Grandpop füllte Benzin nach.

Das gab mir Gelegenheit zu trinken. Das Wasser war in einem großen, zylindrischen Behälter mit einem Hahn an der Unterseite. Ich griff nach einem Becher und ließ ihn voll laufen. Mann, war ich durstig! Ich trank einen Becher nach dem anderen. Gerade füllte ich meinen vierten Becher, da hörte ich Geschrei.

Ich sah hinaus. Der große, tätowierte Kerl und sein Kumpel schubsten Grandpop herum. Sie hatten ihm seinen Hut weggenommen, warfen ihn nun zwischen sich hin und her. Der arme alte Grandpop hatte keinen, der ihm helfen konnte. Außer mir. Ich vergaß das Wasser, das in den Becher lief. Ich ließ alles stehen und liegen und sprang aus dem Wagen.

Grandpop sprang und hüpfte wie ein kleines Kind, um an seinen Hut zu kommen. Er war nun mal ziemlich alt, und ich konnte sehen, dass ihm das Gehopse schwer fiel. Sein Atem ging pfeifend. Schweiß rann ihm über die Wangen. Oder waren es Tränen?

Ich bin ganz gut in Basketball, wenn ich das von mir sagen darf. Mit einem Satz hechtete ich dem Tätowierten auf den Rücken und schnappte mir den Hut. Der Kerl ging im Staub auf die Knie.

Grandpop war erstaunt mich zu sehen. „Gavin!“, schrie er. Halb froh, halb ärgerlich.

Die zwei großen Burschen kamen auf uns zu. Sie waren nicht halb froh und sie waren nicht halb ärgerlich. Sie waren voll wütend. Langsam kamen sie näher. Wir wichen zurück.

Aber genau in diesem Moment kam der Tankstellenbesitzer heraus. Es war der größte Mann, den ich je gesehen hatte. Seine Beine waren wie Baumstämme. Seine Fäuste waren wie Felsbrocken. „Was ist hier los?“, sagte er.

„Nichts“, sagte der Nasenbohrer. Leise vor sich hin murrend gingen die beiden Männer zu ihrem Wagen. Als sie davonfuhren, hielt ich mir noch einmal den Fingerknöchel unter die Nase. Sie sahen mich, fuhren aber weiter. Mit einem Riesen neben mir fühlte ich mich sicher. Zum Glück sahen wir die beiden nie wieder.

Grandpop hielt mir eine Strafpredigt, aber ich sah, dass er ganz froh war, mich da zu haben. Er ging in die Tankstelle und rief Mum an. Ich wartete draußen, nervös. Nach einer Weile kam Grandpop wieder. „Sie hat gesagt, du darfst mitfahren", berichtete er.

„Hat sie noch was gesagt?", fragte ich.

Er blinzelte mir zu. „Sie hat gesagt, sie schreibt gerade Briefe. Auf ihrem neuen Schreibblock."

Wow! Was für eine Erleichterung! Sie war nicht mehr wütend auf mich. Jetzt konnten wir richtig loslegen. Und den Wasserspeicherfrosch suchen.

Es war ein gutes Gefühl, nicht mehr von Problemen umstellt zu sein. Es war gut, wenn man kein schlechtes Gewissen haben musste, weil man was verpfuscht hatte. Ich kletterte hinten in den Truck und kniete mich hinter Grandpops Sitz. Wir machten uns auf den Weg in die brennende Wüste, die fast so heiß war wie mein brennender Hintern. Keiner von uns beiden ahnte, dass ich den Wasserhahn nicht zugedreht hatte.

5

Grandpop war so froh, dass ich bei ihm war! „Du wirst staunen über den Wasserspeicherfrosch", sagte er. „Nach der Trockenzeit fällt der Regen. Er durchweicht den Erdboden. Und der kleine Frosch baggert sich nach oben." Er war so glücklich. Die Tränen konnten einem kommen.

Doch recht überzeugt war ich nicht. Ich sah über die ausgebleichte Wüste hin. Es war Hochsommer. „Wie willst du einen Frosch finden?", fragte ich. „Sie werden alle unter der Erde sein."

„Graben", erklärte er. „Der Boden wird steinhart sein, aber Graben ist die einzige Möglichkeit."

Wir bogen von der Hauptstraße ab und fuhren über die erhitzte rote Erde. Spinifex und Mulgasträucher waren die einzigen Pflanzen, die auf dem ausgetrockneten Boden gediehen. Oft hielt Grandpop an und sah auf seinen Kompass. Bei diesen Gelegenheiten tranken wir jedes Mal einen Schluck aus seiner Wasserflasche. Man bekommt ganz schön Durst da draußen im Nirgendwo. Ich fand es angenehm, wenn mir das kühle Wasser durch die Kehle rann.

Nach vier Stunden erreichten wir das Wasserloch. Ich sage Wasserloch, aber natürlich war es um diese Jahreszeit nichts als eine trockene Erdmulde. Eine flache, ausgetrocknete Vertiefung nur.

Rumpelnd kam der Truck zum Stehen. „Gerade noch geschafft", sagte Grandpop. „Der Kühler kocht." Tatsächlich zischten Dampfwolken unter der Kühlerhaube hervor. „Macht nichts", sagte er. „Ich habe genug Wasser mitgenommen."

Wir gingen zur Rückseite des Trucks, um auszuladen.

Wisst ihr noch, was ich gesagt habe? Dass man nie weiß, wann man in Schwierigkeiten geraten wird? Als nämlich Grandpop merkte, dass wir kein Wasser hatten, waren unsere Probleme größer als je zuvor. Wieder einmal hatte ich alles vermasselt.

Er machte mir keine Vorwürfe, weil ich den Wasserhahn nicht zugedreht hatte. Er schimpfte nicht mit mir. Er stand nur da und sah besorgt aus. Sehr besorgt. In gewisser Weise war das schlimmer als angebrüllt zu werden. Es war alles meine Schuld.

„Was machen wir jetzt?", fragte ich.

„Wir bleiben hier", sagte Grandpop. „Das oberste Gesetz in der Wüste ist, dass man bei seinem Fahrzeug bleibt. Jemand wird kommen und nach uns suchen."

„Keiner weiß, wo wir sind", sagte ich.

„Sie wissen ungefähr, wo wir sind", sagte er. „Wir haben ohnehin keine Wahl. Der Wagen nützt uns nichts ohne Wasser. Und wir haben keinen Tropfen übrig."

Ich versuchte ihn ein bisschen aufzuheitern. „Wir können nach dem Wasserspeicherfrosch suchen, während wir warten", schlug ich vor.

Er schüttelte den Kopf. „Wir müssen sparsam mit unserer Energie umgehen. Alles, was wir tun können, ist auf Hilfe warten, ohne uns allzu viel zu bewegen."

Ich hatte ein schlechtes Gewissen. Jetzt würde er seinen Frosch nie finden. Und ich war schuld!

An der einen Seite des Trucks befestigten wir ein Schutzdach aus Segeltuch, um die Hitze abzuwehren. Grandpop hielt mir die Wasserflasche hin. „Nimm zwei Schluck", sagte er. Ich legte den Kopf in den Nacken und trank zwei Schluck. Selbst wenn ich gewollt hätte, drei Schluck hätte ich nicht machen können. Es war nichts mehr da. Grandpop hatte mir das letzte bisschen Wasser gegeben. So einer war er.

6

Wie lange konnten wir durchhalten? Grandpop würde als Erster sterben. Ich war jung und kräftig. Er war alt und schwach. Was, wenn ich lebte und er starb?

Stunden verstrichen. Die Nacht kroch heran. Moskitos sirrten. Hier und da bewegte sich etwas in der Nacht. Der Mond stieg auf. Es wurde kalt und wir wickelten uns in Decken.

Am nächsten Morgen wurde es dann schnell heiß. Mein Mund war trocken und voll Staub. Ich konnte kaum schlucken. Grandpop döste und murmelte vor sich hin. Anscheinend war er in einem Traum gefangen.

Die Sonne stieg höher und höher. „Frosch. Kleiner Wasserspeicherfrosch", stammelte Grandpop. Seine Augen waren irr. Er schien nicht zu wissen, was um ihn herum vorging. Die Hitze machte ihm zu schaffen. Auf Händen und Knien kroch er bis zur Mitte der Erdmulde. „Frosch, kleiner Frosch", krächzte er.

Behutsam führte ich ihn in den Schatten zurück. „Ich hol dir einen Frosch", sagte ich.

Ich hatte nur noch einen einzigen Gedanken. Für Grandpop einen Wasserspeicherfrosch zu finden. Es war mir egal, ob ich am Leben bliebe oder nicht. Grandpop war übergeschnappt, aber trotzdem war es mein einziger Wunsch, ihm einen dieser Frösche auf die Hand zu setzen.

Alles war allein meine Schuld. Ohne Wasser würde er bald sterben, so viel wusste ich. Ich musste ihm seinen lebenslangen Wunsch erfüllen! Ich musste einen solchen Frosch finden.

Ich griff nach einer Schaufel und stapfte mühsam bis zur Mitte der Erdmulde. Ich schlug mit der Schaufelkante in die Erde. Boing. Sie war hart wie Stein. Der Schlag schmerzte in meinen Fingern.

Der heiße Sand schimmerte. Fliegen summten mir um die Augen. Staub überzog meine Haut. Aber ich grub weiter. Ich grub und grub. Jedes Mal, wenn ich mit der Schaufel auf die Erde schlug, löste sich ein kleines Häufchen Sand. „Frosch", sagte ich. „Kleiner Frosch, wo steckst du?"

Aber es kam keine Antwort. Die Wasserspeicherfrösche waren alle tief eingegraben und warteten darauf, dass die ersten Regentropfen fallen und sie aus ihrem langen Schlaf wecken würden.

Meine Finger fingen zu bluten an. Dicke Blasen bildeten sich auf meiner Handfläche und platzten. Ich hatte ein Loch etwa in der Größe einer flachen Badewanne geschafft. Aber immer noch keine Spur von einem Frosch. Es hatte keinen Zweck. Ich würde nie einen finden. Meine Zunge fühlte sich an wie ein Stück verschrumpeltes Leder.

Grandpop lag im Schatten. Ich sah, dass er noch lebte, weil sich seine Brust hob und senkte. Aber lange würde es nicht mehr dauern. Nicht ohne Wasser. Ich musste diesen Frosch finden, bevor es zu spät war. Ich durfte nicht aufgeben.

Grandpop murmelte vor sich hin: „Kleiner Frosch, kleiner Wasserspeicherfrosch."

Ich wickelte einen Lappen um meine Hand mit den Blasen und fing wieder zu graben an. Qualvoll. Langsam. Ich bückte mich, ich kratzte, grub – und brachte jedes Mal nur wenige Körnchen von der Stelle. In meinem Kopf drehte sich alles. Es hatte keinen Zweck. Ich konnte die Schaufel kaum noch heben.

7

Dann versuchte ich mit meinen aufgeschürften Fingern weiterzugraben, aber sie richteten nichts aus in der hart getrockneten Erde.

Es war sinnlos. Ich konnte nicht weitermachen. Ich stellte mich hin und sah den kahlen Horizont an. Grandpop würde seinen Wasserspeicherfrosch nie bekommen. Er würde sterben, ohne dass sein Traum wahr geworden wäre. Allein durch meine Schuld.

Okay, ich hätt's nicht tun sollen. Ich war dumm.

Voll Verzweiflung setzte ich mich nieder. Wow! Brannte mir das Hinterteil! Es war noch rot und wund. Der Schmerz war fürchterlich. Tränen liefen mir über die Nase und tropften auf die harte Erde. Ein regelrechter Wasserfall aus Tränen. Direkt neben meiner Wange bildete sich ein kleiner feuchter Fleck im Sand.

Plötzlich erschien mitten in dem feuchten Sandfleck ein kleines grünes Bein. Dann noch eins.

Meine Tränen hatten einen Wasserspeicherfrosch aus dem Schlaf geweckt! Zwei Augen blinzelten mich an. Zwei wunderschöne Augen.

„Ich hab einen, Grandpop!", schrie ich. „Ich hab einen!" Behutsam nahm ich den glänzenden Frosch auf. Ich ging langsam zu Grandpop und setzte das winzige Wesen auf seine Hand.

212

Nie hätte ich geglaubt, dass ein einziger kleiner Frosch eine solche Wirkung haben könnte! Grandpop setzte sich auf und verzog sein Gesicht zu dem breitesten Grinsen, das ich je gesehen hatte. Der Blick, mit dem er mich ansah, war voller Liebe. Liebe zu mir. Und zu dem Frosch. Grandpop und ich hatten Tränen in den Augen.

Es war ein so zauberhafter Augenblick, dass keiner von uns beiden die Sturmwolken bemerkte, die sich zusammengeballt hatten. Wir saßen nur da und starrten diesen Frosch an, bis die ersten Regentropfen fielen. Und das Wasser im Tümpel zu steigen begann. Der Gesang von tausend Fröschen erfüllte die Luft.

Es war ein richtiger Platzregen. Der Himmel schien zu weinen, während ich dastand und mein Hinterteil rieb. „Cry Baby", rief ich dem Himmel zu. „Cry, Baby, cry!"

Enthüllung

In unserer Klasse gibt es zwei reiche Kinder. Sandra Morris und Ben Fox. Beide sind Snobs. Sie kommen sich zu gut vor für uns andere. Ihre Eltern besitzen große Autos und große Häuser. Beide sind stille Zeitgenossen. Sie bleiben für sich. Wollen wahrscheinlich mit Rüpeln wie mir nichts zu tun haben.

Ben Fox trägt teure Turnschuhe und die neueste Mode. Er findet, dass er gut aussieht mit seinen blauen Augen und dem blonden Haar. Ein Schauspieler, echt.

Sandra Morris ist genauso. Und sie weiß es. Auch sie hat blaue Augen und blondes Haar. Haut wie Seide. Warum bekommen manche von allem das Beste?

Was mich angeht, ich bin mit Pickeln ausgestattet. Alles Mögliche habe ich schon dagegen unternommen. Aber was ich auch mache, sie blühen, gedeihen und platzen auf. Und zwar besonders dann, wenn sie nicht sollten. Es ist wirklich unfair.

Immerhin, heute bietet sich mir die Gelegenheit, die Rechnung auszugleichen. Boffin hat seine neueste Erfindung dabei – einen Lügendetektor. Das Opfer ist Sandra Morris. Sie war mit dem Versuch einverstanden, weil sowieso allgemein bekannt ist, dass sie nie lügt. Was sie nicht weiß – Boffin und ich wollen ihr ein paar äußerst peinliche Fragen stellen.

Boffin ist ein heller Kopf. Seine Erfindungen funktionieren immer. Er ist klüger als die Lehrer. Das weiß jeder.

Er befestigt zwei Drähte an Sandras Arm. „Es tut nicht weh", sagt er. „Aber es ist eine todsichere Sache." Er schaltet das Gerät an und eine kleine Nadel schnellt in die Mitte der Skala. „Erst eine Testfrage", sagt er. „Bist du ein Mädchen?"

Sandra nickt.

„Du musst Ja oder Nein sagen", erklärt Boffin.

„Ja", antwortet Sandra. Die Nadel schlägt aus: WAHRHEIT. Sieht so aus, als funktionierte es. Boffin grinst.

„Sag jetzt mal eine Lüge", fordert er Sandra auf. „Bist du ein Mädchen?", fragt er noch einmal.

Sandra lächelt ihr hübsches Lächeln. „Nein", sagt sie. Schwaches Gelächter kommt auf, doch dann halten alle im Raum die Luft an. Die Nadel zeigt auf LÜGE. Dieser Lügendetektor ist eine Super-Erfindung!

„Okay", sagt Boffin. „Du hast nur sieben Fragen, David. Nach sieben Fragen taugen die Batterien nichts mehr." Er setzt sich hinter sein Gerät und spielt an den Knöpfen herum.

Das wird ein Spaß! Ich werde allerhand rauskriegen über Sandra Morris und Ben Fox. Das wird interessant! Höchst interessant, wirklich!

Ich stelle meine erste Frage. „Hast du Ben Fox schon mal geküsst?"

Sandra wird rot. Ben Fox wird rot. Diesmal hab ich sie! Ich bin sicher, dass die was miteinander haben. Ich will sie bloßstellen.

„Nein", sagt Sandra. Alle verdrehen die Hälse, um zu sehen, was der Lügendetektor sagt. Die Nadel zeigt auf WAHRHEIT.

Das habe ich nicht erwartet. Und ich habe nur noch sechs Fragen. So einfach kann ich sie nicht davonkommen lassen. Ich werde sie beide bloßstellen.

„Hast du schon mal Händchen gehalten mit ihm?"

Wieder sagt sie: „Nein." Und die Nadel zeigt an: WAHRHEIT. Allmählich fühle ich mich schuldig. Warum mache ich das eigentlich?

Ich versuche es anders. „Bist du verliebt?", frage ich.

Eine tiefe Röte steigt ihr langsam den Hals hoch. Jetzt komme ich mir wirklich schäbig vor.

„Ja", sagt sie. Die Nadel zeigt auf WAHRHEIT.

Ich hätte mich zu dieser Sache nie überreden lassen dürfen! Ich will Sandra und Ben aus ihrer Qual erlösen. Ich werde ihn sogar nicht mal beim Namen nennen. Das will ich ihr ersparen. „Ist er hier im Raum?", frage ich.

Sie sieht zu dem roten Ben Fox hin. „Ja", sagt sie. Die Nadel zeigt auf WAHRHEIT.

„Hat er blaue Augen?", frage ich.

„Nein", sagt sie.

„Braune?", frage ich.

„Nein", sagt sie wieder.

Ich weiß nicht weiter. Gründlich sehe ich mir jeden in der Klasse an. Ben Fox hat blaue Augen. Ich war überzeugt, dass sie ihn liebt.

„Das Ding geht nicht", sage ich zu Boffin. „Ich seh nicht einen hier, der nicht entweder blaue oder braune Augen hat."

„Aber wir!", sagt Boffin. Und alle sehen mich an.

Ich spüre, wie jetzt *mein* Gesicht rot anläuft. Am liebsten würde ich im Erdboden versinken, aber ich mache weiter mit meiner letzten Frage. „Ist er ein Idiot?", frage ich.

Sandra ist sehr verlegen. „Ja", sagt sie mit einer Stimme, sanfter als ein Flüstern. „Und er hat grüne Augen."

Mülltaxi

1

Meine Schwester Helen warf einen Blick über den Schulhof, dann zeigte sie auf mein Ohr. „Du bist verrückt", sagte sie, „dass du in der Schule einen Ohrring ansteckst."

„Smacka Johns!", sagte eine Stimme hinter mir. „Komm sofort her!"

Es war Mrs Cranch, die Konrektorin. Sie streckte die Hand aus. „Gib mir diesen Ohrring!"

„Aber das ist doch nur ein wertloses Ding!", sagte ich, während ich ihn abgab.

„Schmuck in der Schule ist nicht erlaubt!", schnappte sie.

Bevor ich noch etwas sagen konnte, machte sie kehrt und steuerte mit meinem Ohrring auf ihr Büro zu.

„Ich hab's dir gesagt!", rief Helen.

„Das ist die boshafteste Lehrerin, die mir je begegnet ist", murrte ich. „Möchte mal wissen, was die mit den Ohrringen macht! Muss ja schon Millionen davon haben!"

„Sie trägt sie", meinte Helen. „Ich hab mal gesehen, wie sie auf der Straße meinen Ohrring anhatte!"

„Sag bloß!", rief ich voller Verachtung. „Kindern

was klauen – das macht doch nicht mal so eine alte Grille wie die Cranch!"

Den ganzen Tag musste ich an meinen Ohrring denken. Ich wurde immer wütender. Als der Unterricht zu Ende war, hatte ich eine Entscheidung getroffen. Es gab nur eins: einen anderen Ohrring kaufen und ihn aus Protest in der Schule anstecken. Lehrer dürfen nicht einfach von Kindern was stehlen!

Auf schnellstem Weg ging ich nach Hause und lief ins Wohnzimmer. „Kannst du mich in die Stadt fahren, Dad?", fragte ich. „Ich brauch einen neuen Ohrring."

Dad lächelte. „Klar", sagte er. „Ich will gerade los."

Dad machte sich keine Gedanken darum, ob einer Ohrringe trug oder nicht. Früher hat er selber mal einen gehabt. Er ist nicht so, wie Väter gewöhnlich sind. Ständig macht er irgendwas Verrücktes, Hirnverbranntes. Um ganz ehrlich zu sein, manchmal ist es ein bisschen peinlich mit ihm.

Wir gingen hinaus zum Auto. Dad hatte sich immer einen Sportwagen gewünscht, aber er konnte sich keinen leisten. Da hat er von unserer Holden-Limousine das Dach abgesägt und nun konnten wir sie nur bei trockenem Wetter benutzen.

Auf dem Weg in die Stadt meckerte ich über unser Auto. „Was willst du denn?", fragte Dad. „Es ist ein fabelhafter Wagen. Niemand sonst in der Stadt hat so einen. Wer will denn so sein wie alle andern?"

Ich lächelte. Da hatte er Recht. Wie alle andern wollte ich nicht sein. Zu dem Zeitpunkt hatte ich noch keine Ahnung, dass mein Wunsch in Kürze mehr als hundertprozentig in Erfüllung gehen sollte.

2

Endlich erreichten wir die Stadt und Dad hielt hinter einem verdreckten Tankwagen. Er deutete auf ein Geschäft. „Da", sagte er. „Die verkaufen Ohrringe."

Das Geschäft war schmuddelig und voller Spinnweben. Es wirkte gespenstisch. Mir war ein bisschen unheimlich zu Mute. „Ich hab mir's anders überlegt", sagte ich zu Dad. „Der Laden gefällt mir nicht."

„Unsinn", sagte Dad. „Beeil dich. Ich muss selber noch einkaufen." Er schob mich durch die Tür in das Geschäft hinein.

Ich prallte mit einem wahnsinnig dicken Mann zusammen, der Shorts und ein blaues Unterhemd trug. Er hielt einen Ohrring in den Fingern und roch abscheulich. Widerwärtig. „Pass doch auf!", knurrte er. Dann fegte er an mir vorbei und zur Tür hinaus.

„'tschuldigung", murmelte ich.

Hinter dem Ladentisch stand ein alter Mann mit unglaublich zerfurchtem Gesicht.

„Ich suche einen Ohrring", sagte ich.

Der Ladeninhaber lächelte mir zu. „Verkaufe ich gewöhnlich nur paarweise", erwiderte er. „Aber der Herr eben hat mich überredet, ihm einen einzelnen zu überlassen. Wenn du willst, kannst du den anderen haben. Sie sind aus zweiter Hand. Ich hab sie von einem Handleser."

Es war genau, was ich wollte, also schob ich dem alten Mann fünf Dollar hin. Dann steckte ich den Ohrring in meine Tasche. Dad und ich gingen hinaus auf die Straße und sprangen in den Holden.

Ein entsetzlicher Gestank erfüllte die Luft. Er kam von dem Tankwagen vor uns.

Blitzartig fiel mir ein, was das nur sein konnte. Newmans Tümpel. Die Gemeinde hatte veranlasst, ihn zu leeren, und jetzt wurde der Inhalt zum Depot gebracht. Es war der widerlichste Tümpel der Welt. Die Abwässer der Düngefabrik, der Fischfabrik und der Ölraffinerie strömten hinein. In weitem Umkreis des Tümpels war alles tot. Über seine Oberfläche zog sich grünlicher Schleim. Stickige Dämpfe stiegen blubbernd in die stinkende Luft. Eklige Klumpen trieben auf dem Schleim.

Die Gemeindearbeiter mussten Gasmasken tragen, während sie den glucksenden, zähen Morast in die Tankwagen saugten. Der Schlamm in diesem Tankwagen war ein Albtraum. *Mein* Albtraum, wie sich herausstellen sollte.

Der Kerl im blauen Unterhemd steuerte den Tankwagen auf die Straße. Wir in unserem „Cabrio" folgten. Ich sehnte mich vergeblich nach frischer Luft.

Kleine braune Spritzer wehten von dem Tankwagen auf unsere Windschutzscheibe. Dad schaltete die Scheibenwischer an, aber davon wurde es nur schlimmer. Eine faulige Schmiere machte das Sehen fast unmöglich. Die Spritzer gingen in einen Sprühregen über. Flecken aus übel riechendem Matsch bedeckten uns.

„So eine Unverschämtheit!", schrie Dad. „Sieh mal, was der mit meinem Auto macht!"

Um das Auto machte ich mir keine Sorgen. Ich machte mir Sorgen um mich. Ich war übersät von abscheulichen Tropfen. Mich schauderte, wenn ich daran dachte, woher sie stammten.

Hinten an dem Tankwagen war ein großes Ventil zum Anschließen eines Schlauchs. Ich konnte nur ahnen, was durch dieses Ventil angesaugt worden war.

Dad hupte. „Fahr zur Seite!", schrie er. „Idiot! Du besudelst ja die ganze Stadt!"

Was mich anging, ich hätte den Fahrer nicht einen Idioten genannt. Nicht einen solchen Kerl wie den. Aber Dad denkt eben nie an die Konsequenzen. Er scherte aus, fuhr neben dem Tankwagen her und zeigte dem Kerl im blauen Unterhemd die Faust. „Zur Seite, du Blödmann!" Dad schrie durch seine braun verschmierten Lippen.

Der Tankwagen rumpelte zum Straßenrand und blieb stehen.

3

Der Fahrer stieg aus. Dad stieg aus. Ich stieg nicht aus.

„Sie spritzen Ihr ganzes Dreckzeug über die Straße!", sagte Dad. „Machen Sie doch das Ventil ordentlich zu!" Dad zeigte auf ein Rad oben am Ventil.

„Haben Sie Idiot zu mir gesagt?", rief der Fahrer. Er war ein mächtig großer Kerl.

„Na ja", sagte Dad und versuchte zu lachen. „Sehen Sie mal, was Sie angerichtet haben." Die beiden Männer starrten auf unseren voll gespritzten Wagen. Ich tat, als wäre ich gar nicht vorhanden.

„Idiot, eh?", sagte der Fahrer. „Ein Idiot bin ich, wie? Wahrscheinlich so blöd, dass ich nicht mal das Ventil richtig festschrauben kann!" Er sprang hinten auf den Tankwagen und drehte an dem Rad. „Ach du Schreck!", rief er. „Ich glaub fast, ich dreh in die falsche Richtung."

„Ahhhhh …!", schrie ich. „Nein! Gnade! Nein! Nein!"

Aber es war zu spät. Ein gewaltiger Strahl galliger brauner Schlamm ergoss sich über meinen Kopf. Überschwemmte mich. Umwabbelte mich. Füllte den Wagen bis an den oberen Türrand und floss hinaus auf die Straße.

Würgend und keuchend saß ich in meiner eigenen Jauchegrube. Widerwärtige Klumpen trieben an mir vorbei. Ein verfaulter Fischkopf kreiselte auf der Dreckbrühe. Aus unserem Wagen war ein ökologisches Notstandsgebiet geworden.

Ich tastete nach dem Türgriff und wurde von der scheußlichen Flut auf den Gehweg geschwappt.

Meine Ohren, die Augen und die Nase waren von Unrat verstopft. Ich hustete und spuckte und schleppte mich über den Gehweg. In Panik sprangen die Fußgänger zurück und hielten sich Taschentücher vor die Nase.

Sie starrten mich an, als sei ich ein Monster aus dem düsteren Reich der Schrecken. Ich richtete mich auf und schüttelte mich wie ein Hund, der gerade aus dem Wasser kommt. Raunendes Entsetzen fuhr durch die Gruppe der Passanten. Angstvoll wichen sie zurück, als der Wind meinen Sprühregen in alle Richtungen verteilte.

Der Geruch war fürchterlich. Ich stank wie eine Kloake. Ich triefte von Abwässern. Aufgeweichter Mist fiel mir in fauligen Fladen von meinem besudelten Körper. Ich würgte bei jedem peinigenden Atemzug.

Der Kerl im blauen Unterhemd fand das witzig. Er fing zu lachen an. Dann stellte er die grässliche Flut ab, sprang in seinen Tankwagen und fuhr davon.

Dad stand da, kopfschüttelnd, und starrte seinen versauten Wagen an.

„Hilfe", gurgelte ich. Braune Blasen bildeten sich beim Sprechen an meiner Nase. Mir war übel. Die stinkenden Ausdünstungen machten mich schwindlig. Plötzlich wurde meine eben noch braune Welt schwarz. Ich brach auf dem Gehweg zusammen.

4

Als ich erwachte, war der größte Teil des schlammigen Zeugs verschwunden. Dad spritzte mich mit einem Schlauch ab, den der Metzger ihm geliehen hatte. „Du wirst schon wieder", sagte er mit einem Grinsen im Gesicht. „Das gehört eben alles zum reichen Gepränge des Lebens." Er holte tief Luft und fing an das Auto auszuspritzen. Ab und zu wich er mit einem Satz zurück und schnappte gierig nach frischer Luft.

Für mich aber gab es keine frische Luft. Ich stank. Taumelnd ging ich auf einen Blumentopf zu, der vor einem Geschäft stand. Ich kann schwören, dass die Blumen vor meinen Augen verwelkten! Leute überquerten die Straße, um dem verrückten Vater auszuweichen, der seinen Wagen mit Wasser überflutete. Und seinem abscheulichen, stinkenden Sohn.

Es war ein heißer Tag und ein Großteil der klebrigen Masse war inzwischen auf dem Auto angetrocknet. Dad konnte das Zeug nicht abkriegen. Mit einem Taschentuch vor der Nase kam der Metzger auf uns zu. „Hören Sie", sagte er. „Sie werden das Ding hier wegbringen müssen. Mir laufen die Kunden davon!"

Dad machte die Autotür auf. „Steig ein", sagte er zu mir.

„Du machst wohl Witze", keuchte ich. „Der springt nie an!"

„Steig ein", wiederholte er.

Ich gehorchte und drückte mich in den durchweichten, faulig riechenden Sitz. Dad ließ den Motor an. Er funktionierte. Ich konnte es kaum glauben. „So solide werden Autos heutzutage gar nicht mehr gebaut", sagte Dad mit einem Lächeln.

Wir fuhren los, die Straße hinunter, und zogen einen bräunlichen Sprühregen hinter uns her. Peinlich, peinlich. Jetzt waren wir es, die die Umgebung verdreckten. Die hinter uns fahrenden Autos hupten und blinkten. Fahrer schüttelten uns die Fäuste entgegen, als Schlammfetzen auf ihre Windschutzscheiben spritzten.

„Gib Gas!", sagte ich zu Dad. „Lang halt ich das nicht mehr aus!" Chitty Chitty Bang Bang war nichts gegen dieses Auto.

Endlich, es schien mir wie zehn Jahre, fuhr Dad vor unserem Haus vor. „Geh schon mal unter die Dusche", sagte er. „Ich bring den Wagen in die Stadt und lass eine Dampfreinigung machen."

Ich war schon halb an der Haustür, bevor Dad mit seiner Erklärung fertig war. Eine Dusche. Wie sehnte ich mich nach einer Dusche! Mindestens eine Stunde lang stand ich unter dem Wasser. Ich schrubbte. Und scheuerte. Ich weichte und seifte mich ein. Jede Spur von dem klebrigen Ekelzeug musste runter!

Es war Schmutz von der übelsten Sorte. Wer wusste, welche Chemikalien in den Tümpel geleitet worden waren?

Schließlich sprang ich unter dem Wasserstrahl hervor. Ich trocknete mich ab und steckte meinen neuen Ohrring an. Dann prüfte ich mein Spiegelbild. Etwas stimmte nicht. Vielleicht war das Dreckzeug in meine Haut eingedrungen? Ich schnüffelte an mir herum wie ein Hund. Ich konnte keinen Gestank feststellen. Aber etwas war anders. Meine Haut kribbelte. Merkwürdig. Kein Wunder immerhin – nach allem, was geschehen war.

Langsam ging ich in die Küche hinunter. Und von da an lief alles verkehrt.

5

Eine Bewegung in der Ecke fesselte meinen Blick. Da hatte jemand ein gebrauchtes Papiertaschentuch hingeworfen. Es wehte im Wind. Nur – es ging überhaupt kein Wind. Mit einem Mal geriet das Papiertaschentuch ins Flattern und Kreiseln und segelte durch den Raum. An meinem Gesicht blieb es haften.

Ich stieß einen gedämpften Schrei aus und riss das Taschentuch ab. Es wand und krümmte sich in meiner Hand. Ich knüllte es zu einer Kugel zusammen und schleuderte es auf den Boden. Das Taschentuch machte einen Satz, schnellte zu mir zurück und ließ sich auf meiner Nase nieder.

Ich hörte ein Geräusch. „Dad!", schrie ich. Aber es war nicht Dad. Eine leere Fischdose kam auf mich zugerast! Sie schoss über den Boden und hängte sich an meinen rechten Fuß. Ich zog sie ab und knallte sie in die Ecke – wo sie kaum eine halbe Sekunde liegen blieb, zurücksauste und ihren Platz auf meinem Fuß wieder einnahm.

Ich rieb mir die Augen. Das war ja wohl verrückt! Erst das Papiertaschentuch, jetzt die Fischdose. Wie festgeklebt hing das Zeug an mir. Ich zerrte an meinen Kleidern wie ein Wahnsinniger.

Etwas war mit mir geschehen. Etwas Schreckliches. Ich versuchte mich im Spiegel anzuschauen. Bevor ich jedoch auch nur einen Blick auf mein Gesicht erhaschen konnte, war von meinem Spiegelbild nichts mehr übrig! An die zwanzig Papiertaschentücher kamen aus dem Papierkorb geflogen und bedeckten mein Gesicht.

Im Abflusssieb der Spüle rührten sich hängen gebliebene Haare und Fusseln. Sie wanden sich heraus, flogen wie weggeschnippte Gummibänder durch die Luft und blieben an meinem Pulli kleben.

Mir schwirrte der Kopf. War ich auf dem Weg, verrückt zu werden? Geschah das alles wirklich?

Es geschah wirklich!

Abfall. Ich zog Abfall an. Wie ein Magnet.

„Newmans Tümpel", sagte ich mir. „Das stinkende Abwasser hat mich magnetisch gemacht. Dreck zieht Dreck an."

Eine borstige, alte Zahnbürste stürzte sich auf mich. Zwei leere Flaschen hinterher.

Ich sah mich hastig nach einem Versteck um. Neben der Haustür war unsere Telefonzelle. Eine dieser altmodischen roten, wie sie früher an Straßenecken standen. Ich hatte gelacht, als Dad sie angeschleppt hatte. Aber jetzt lachte ich nicht.

Ich schoss in die Telefonzelle und schlug die Tür hinter mir zu. Gerade noch rechtzeitig. Die Flaschen knallten gegen die Glastür und blieben haften. Die Zahnbürste wollte sich mit ruckartigen Bewegungen unter der Tür durchzwängen.

Ich versuchte nachzudenken. Ich zitterte vor Angst. Ich war zum Ziel für jede Art von Abfall geworden. Mein Leben war in Gefahr. Ich konnte verschüttet werden! Ersticken! Flocken aus Fusseln und Staub wanden sich unter der Tür durch. Abgebrannte Streichhölzer und Flaschenverschlüsse kamen hinterher und hängten sich an meine Knie. Mein Verstand setzte aus. „Denk nach!", befahl ich mir. „Denk nach!"

Ich war überzeugt, dass das Abwasser aus Newmans Tümpel etwas mit meiner Haut gemacht hatte. Der Mann im blauen Unterhemd! Der war verantwortlich. Der lebte jeden Tag mit dem Dreckzeug. Er musste eine Art Seife haben – als Gegenmittel. Ich griff nach dem Telefonbuch und blätterte es durch. „South Barwon Gemeindedepot", murmelte ich vor mich hin. „Hier!"

Mit ungeschickten Fingern drehte ich die Wählscheibe. Ich hörte, wie am anderen Ende das Telefon klingelte. „Geh dran!", sagte ich. „Los! Geh dran!"

Aber niemand nahm ab. Wahrscheinlich war der Unterhemd-Mann im Hof und leerte den abscheulichen Inhalt seines Tankwagens aus.

Die Telefonzelle war jetzt fast vollständig mit Müll bedeckt. Abfallteile sausten durch das Zimmer und prallten gegen das Glas, als wären sie lebendig. Die Glaswand konnte jeden Moment brechen.

Höchste Zeit, hier rauszukommen. Gerade wollte ich die Tür aufstemmen, da blieb mir vor Schreck fast das Herz stehen.

Unser Mülleimer klapperte. Er zuckte und wackelte, als wollten sich aus seinem Innern Dämonen befreien.

Ich drehte mich wieder nach dem Telefonbuch um und suchte die Nummer der Taxigesellschaft. Mit zitternden Fingern wählte ich. „Adresse?", fragte eine Stimme.

„Fünfzehn, Henry Street", keuchte ich.

„Wohin?", fragte die Stimme weiter.

„South Barwon", sagte ich. „Gemeindedepot."

„Bitte warten Sie", sagte die Stimme am anderen Ende der Leitung.

„Schnell!", schrie ich. „Es ist ein Notfall!"

„Zehn Minuten", sagte die Stimme.

Von der Telefonzelle aus starrte ich den zum Bersten voll gestopften Mülleimer neben der Spüle an. Er konnte jeden Moment zerspringen. Bliebe ich noch länger hier, würde ich möglicherweise in der Telefonzelle eingeschlossen.

Immer mehr Abfall drückte gegen die Glastür. Eine Zeitung flatterte durchs Zimmer und beteiligte sich an der Attacke. Die Tür der Telefonzelle knirschte und knackte unter der Belastung. Viel Zeit blieb nicht mehr.

„Schnell!", brüllte ich. „Schnell!"

Draußen ertönte eine Hupe. Ich stöhnte vor Erleichterung. Neben meinem Ohr zersplitterte eine der Seitenwände. Glas und Müll stürzten krachend in die Telefonzelle. Ich jagte aus dem Haus. Unser Mülleimer vollführte einen scheppernden Sprung, als ich an ihm vorbeirannte. Schutt und Trümmer folgten mir auf meiner Flucht.

Ich riss die Taxitür auf und ließ mich auf den Rücksitz fallen. Ich knallte die Tür zu – gerade noch rechtzeitig, um den meisten Müll draußen zu lassen. „Wohin?", fragte der Taxifahrer. Es war ein kleiner Kerl, der einen nervösen Eindruck machte. Fast fielen ihm die Augen aus dem Kopf, als er die Müllschicht auf mir sah.

„South Barw...", fing ich an. Ich konnte den Satz nicht beenden. Der Inhalt des Taxi-Aschenbechers wehte durch die Luft und mir direkt in den Mund! Abgelutschte Zigarettenkippen, Asche und abgebrannte Streichhölzer zwängten sich zwischen meine Lippen. Ich würgte und sprudelte und spuckte. Wie angeklebt blieb mir das Zeug im Gesicht hängen.

„Was soll ...", brüllte der Taxifahrer. „Steig sofort aus meinem ..."

Wir sahen beide aus dem Fenster, weil ein lauter

Schlag die Luft erfüllte. Von unserem Mülleimer war der Deckel abgesprungen, als hätte man ihn gesprengt! Der Inhalt flog und hüpfte über den Gehweg auf uns zu. Schmetterte hinten auf das Taxi und rüttelte an der Heckscheibe.

Plastiktüten voller Abfall kamen in hohen Sätzen hinter uns her. „Schnell!", schrie ich. „Schnell! Oder wir sind erledigt!"

Eine leere Katzenfutterdose schlug wie ein Granatwerfer gegen das Taxifenster. Mit einem Aufschrei brachte der Fahrer den Wagen in Gang und schoss davon. Laut scheppernd stürzte Abfall hinter uns her.

Mit quietschenden Reifen jagten wir zur Landstraße. Die Rückseite des Wagens war mit einer dicken Schicht aus Büchsen, Papiersäcken, weggeworfenen Konservendosen und anderem unaussprechlichem Zeug übersät. Plötzlich trat der Fahrer auf die Bremse. Ein Hund. Auf der Straße war ein Hund.

„Nicht anhalten!", schrie ich. „Alles, bloß nicht anhalten! Wir werden lebendig begraben!"

Der Hund trabte mit einem Knochen im Maul an uns vorbei. Da fing der Knochen zu wackeln an. Der Hund knurrte und zerrte daran, als ob ihm jemand den Knochen aus dem Maul nehmen wollte. Auf einmal befreite sich der Knochen aus den Kiefern des Hundes und flog durch die Luft auf uns zu. Der Hund jagte hinterher, bellend und jaulend wie ein Irrer. Der Knochen knallte auf das Heck des Taxis und gesellte sich zu dem Müllhaufen auf dem Kofferraum. Je mehr Abfall sich auf der Heckscheibe ansammelte, umso dunkler wurde es.

Der Fahrer fuhr um den Hund herum und weiter an der Fischfabrik vorbei. „Nein! Nein!", schrie ich. Zu spät. Hunderte toter, stinkender Fische kamen aus den Müllcontainern geflutscht. Fliegende Fische. Tote Fliegende Fische. Sie klatschten gegen den Wagen und hängten sich zu tausenden flatternd an die Seitenfenster.

„Mein Auto!", stöhnte der Fahrer. „Mein schönes neues Auto!"

„Fahren Sie!", schrie ich. „Schneller! Schneller! "

7

Der Fahrer gab Gas, wir rasten über die Landstraße und auf den Highway. Ich dachte, der Abfall würde sich vielleicht lösen, weil wir uns jetzt schleudernd und schwankend durch den Verkehr drängelten. Aber nein. Der Abfall hing fest, weil er unbedingt ins Innere wollte. Wenn wir an Müll vorbeikamen, regte er sich und flog hoch. Aber wir fuhren zu schnell, als dass sich alles festsetzen konnte. Manche Sachen vom Straßenrand fielen zurück wie Cowboys, wenn sie die Verfolgung aufgeben.

„Solange Sie fahren, sind wir sicher", schrie ich über das Getöse des von außen gegen das Taxi rütteln-den Abfalls hinweg.

„Was ist, wenn uns das Benzin ausgeht?", schrie der Fahrer zurück.

„Ein Mann in blauem Unterhemd", rief ich. „Beim Gemeindedepot. Der weiß, was zu tun ist. Der muss es wissen. Das Ganze ist seine Schuld. Finden Sie ihn!"

„Den Mann im blauen Unterhemd finden", brummte der Fahrer. Vor einer Kurve bremste er, und zwei gammelige Kohlköpfe schnellten aus einem Gemüsestand an der Straße und flogen in hohem Bogen auf unsere Kühlerhaube. Über den Rest unserer Fahrt will ich nicht mehr viel sagen. Nur dass es ein einziger Albtraum war. Als wir weiter aufs Land hinauskamen, dachte ich, jetzt würde es besser werden. Aber nein. Jedes Mal, wenn wir etwas langsamer wurden, regten sich auf Wiesen und Weiden die Kuhfladen und segelten auf uns zu. Sie setzten sich zuoberst auf unsere Müllschicht und bildeten eine dicke braune Kruste.

Es blieb nur ein kleiner freier Fleck auf der Windschutzscheibe. Die Scheibenwischer ächzten unter der Behinderung. Ich war es, auf den der Abfall flog, deshalb blieb ich hinten im Auto, um die Teile von der Windschutzscheibe abzulenken.

Schließlich kamen wir an einen Zaun, an dessen Tor ein schmutziges Schild hing. „South Barwon Gemeindedepot". Wir hatten es gerade noch geschafft. Das Auto war komplett von Müll bedeckt. Es war zehnmal so groß wie gewöhnlich. Ein schwerfällig sich bewegender Müllberg. Wir hielten an. „Ich kann überhaupt nichts mehr sehen!", sagte der Fahrer. „Das ist das Ende."

Ich sah den armen Kerl an. Er war völlig verstört. „Okay", sagte ich. „Ich bin's. Ich ziehe Müll an. Sobald ich aussteige, fliegt alles hinter mir her. Ihnen passiert nichts."

„Was ist mit meinem Taxi?", fragte er durch das Dämmerlicht. „Es ist versaut."

„Alles wird abfallen und mir nachjagen. Machen Sie sich keine Sorgen", sagte ich.

Er sah auf das Taxameter und streckte die Hand aus. „25.60 Dollar", sagte er. „Müssten eigentlich 200 sein."

Plötzlich wurde mir schwach. Ich wurde kalt am ganzen Körper. Krampfhaft klopfte ich meine Jeans ab. Suchte in jeder Tasche. „Oh nein!", stöhnte ich. „Ich hab mein Portmonee zu Hause vergessen!"

Vor Verzweiflung kniff ich die Augen zusammen. Als ich sie wieder aufmachte, stellte ich fest, dass sich der Taxifahrer verändert hatte. Er war nicht mehr er selbst. Sein Gesicht war puterrot. Er sah aus, als würde er gleich explodieren.

„Was?", brüllte er los. „Nach dieser Höllenfahrt hast du nicht mal das Fahrgeld?" Er beugte sich zurück und griff nach meinem T-Shirt. Er war so wütend, dass er Speichel versprühte, als er schrie: „So! Was hast du dann?"

Ich fummelte an meiner Armbanduhr herum. „Die können Sie haben", sagte ich. „Sie ist wertvoll."

Verächtlich musterte er meine Uhr, während er sie an seinem Handgelenk befestigte. „Das dort auch", knurrte er und deutete auf mein Ohr. „Das will ich auch!"

Meine Situation war nicht so, dass ich mich auf Diskussionen einlassen konnte. Ich nahm meinen neuen Ohrring ab und gab ihn dem Fahrer. Er sah in den Spiegel und fädelte ihn durch ein Loch in seinem Ohr. Dann grinste er mich an, als wolle er meinen Protest herausfordern.

Mehr hatte ich nicht, was ich ihm geben konnte. Ich musste hier raus. Ich stemmte die Autotür auf, stürzte mich hinaus und arbeitete mich durch den Müll. Ich robbte auf dem Boden vorwärts wie ein Soldat, der Kugeln ausweicht. Dann schlang ich die Arme um meinen Kopf und wartete auf Abfallbrocken.

8

Nichts. Es geschah nichts. Jedenfalls nicht in den nächsten Sekunden. Ich sah an meiner Kleidung herab. Sie war einwandfrei sauber.

Plötzlich kam vom Taxi her ein entsetzlicher Schrei. Der Müll wälzte sich durch die offene Tür hinein. „Hilfe!", schrie gellend der Taxifahrer. „Hilfe! Hilfe!"

Er war gänzlich zugeschüttet von dem gammeligen Zeug. Die Abfallmassen waren wie Ratten, die sich auf einen Behälter mit Lebensmitteln stürzen.

Ich sah mich nach etwas um, womit ich den armen Mann vom Müll befreien konnte. Aber es war ein sehr sauberer Hof. Merkwürdig sauber für einen derartigen Ort. Es gab nichts Geeignetes.

Ich lief zu einem kleinen Schuppen in der Ecke des Hofs. Ich wollte die Tür aufmachen, aber es ging nicht. Der Schuppen war bis unter das Dach mit verrottendem Abfall voll gestopft.

„Hilfe!", kam gedämpft eine Stimme aus dem Innern. „Hilfe!"

Diese Stimme hatte ich schon einmal gehört. Es war der Kerl im blauen Unterhemd.

In meinem Kopf begann sich alles zu drehen. Der Taxifahrer steckte im Müll fest. Und ebenso der Fahrer des Tankwagens. Aber ich wurde nicht mehr verfolgt. Warum?

Plötzlich kam mir die Erleuchtung. Die Ohrringe! Beide Ohrringe stammten aus demselben Laden. Und es war ein zusammengehöriges Paar. Die Ohrringe zogen den Müll an, nicht der Dreck aus Newmans Tümpel!

Ich rannte zum Taxi zurück. „Der Ohrring!", schrie ich. „Nehmen Sie den Ohrring ab!"

Von drinnen kam unverständliches Gemurmel. Dann brach der Müllberg in sich zusammen. Wie eine einstürzende Pyramide aus Konservendosen im Supermarkt sank der Abfall taumelnd zu Boden. Der Taxifahrer kletterte schwerfällig aus seinem Wagen. Er zitterte wie Espenlaub.

Jetzt musste ich mich um den Mann im blauen Unterhemd kümmern. „Nehmen Sie Ihren Ohrring ab!", schrie ich in den Schuppen voll Müll hinein. „Die Ohrringe ziehen Müll an, wenn man sie im Ohr hat!"

Wieder war unverständliches Gemurmel zu hören, als der Tankwagenfahrer an seinem Ohr herumfummelte und den Ohrring entfernte. Dann stürzte mit einem Schlag auch dieser Abfallhaufen in sich zusammen. Oben aus dem Berg ragte – wie eine Fee auf einem Horror-Christbaum – der Kopf des Mannes heraus. Er wühlte sich durch und kam zu uns. „Ist ja ein gefährliches Ding!", sagte er. „Da will ich nichts mehr mit zu tun haben!"

„Ich auch nicht!", sagte der Taxifahrer. Sie holten

236

mit den Armen aus und wollten die Ohrringe auf die angrenzende Pferdekoppel schleudern.

„Nein!", rief ich. „Nicht wegwerfen!" Ich hob ein leeres Glas auf und hielt es den beiden Männern hin.

9

Langsam ging ich am nächsten Tag über den Schulhof.

„Ich will's einem von den Physiklehrern zeigen", erklärte ich Helen. „Wir könnten reich und berühmt werden."

Sie warf einen Blick über den Schulhof, dann starrte sie auf mein Glas. „Du bist verrückt, dass du schon wieder Ohrringe zur Schule mitbringst!", sagte sie.

„Smacka Johns!", schnappte eine Stimme hinter mir. „Komm sofort her!"

Es war Mrs Cranch, die Konrektorin. Sie streckte ihre Hand aus. „Gib mir diese Ohrringe!"

„Aber ich habe sie doch gar nicht im Ohr!", sagte ich, während ich ihr das Glas gab.

„Schmuck in der Schule ist nicht erlaubt!", keifte sie.

Bevor ich noch etwas sagen konnte, machte sie kehrt und steuerte mit meinen Ohrringen auf ihr Büro zu.

„Ich hab's dir ja gesagt", meinte Helen.

Fünf Minuten lang war ich ganz schön sauer. Dann hellten sich meine trüben Gedanken plötzlich auf. Überall auf dem Schulhof hatten die Müllcontainer zu wackeln angefangen! Sie zuckten und ruckelten, als wollten sich aus ihrem Innern Dämonen befreien.

Ohrenbetäubendes Krachen erfüllte die Luft: Von allen Containern sprangen die Deckel ab. Ich fing zu lachen an. Die Inhalte sämtlicher Müllcontainer schossen über den Schulhof auf Mrs Cranchs Büro zu.

Grüne Augen, rote Augen

1

Die Menschen sind so weit unter mir, dass sie wie Stecknadelköpfe aussehen. Ich habe Angst und ich bin ganz allein. Wenn ich die Leiter loslasse, falle ich. Dann stürze ich ins Bodenlose, trudelnd und mich überschlagend. Ich darf gar nicht daran denken! Der Wind pfeift mir durchs Haar.

Die Leiter auf dem Kran reicht bis zum Himmel. Soll ich weiter hinauf? Oder hinunter? Meine Finger sind kalt und klamm. Wer kann mir helfen? Nur mein kleiner Roboter.

Mein Arm ist krampfhaft um die Leiter geklammert, aber mit einer Hand kann ich meinen kleinen Roboter gerade noch erreichen.

Ich habe Angst, dass ich abstürze. Mit zitternden Fingern nestle ich den kleinen Roboter aus meiner Tasche. Wenn ich ihn fallen lasse, werde ich nie erfahren, was ich machen soll!

„Kleiner Roboter", sage ich. „Du bist meine einzige Chance." Ich ziehe an seiner Nase, da fangen seine Augen zu rotieren an.

Erst seit vier Stunden trifft mein kleiner Roboter für mich die Entscheidungen. Und vierundzwanzig Stunden ist es her, dass Mum und Dad mir das Herz gebrochen haben. „Harry", hat Dad gesagt. „Wir haben schlechte Nachrichten. Deine Mum und ich, wir werden uns trennen. Wir lieben uns nicht mehr." Er hat noch viel mehr gesagt, aber das ist das Einzige, woran ich mich erinnere. Ich lief zu Mum und fiel ihr um den Hals.

Meine Tränen machten ihr Gesicht ganz nass. Oder war es umgekehrt?

Dann lief ich zu Dad und fiel *ihm* um den Hals. Auch er weinte. „Und was ist mit mir?", rief ich. „Was ist mit mir?"

Traurig sah Dad mich an. „Du musst wählen", sagte er. „Mum geht weg von hier. Du kannst mitgehen oder bei mir bleiben. Zwingen wollen wir dich nicht. Es liegt allein an dir. Lass dir Zeit darüber nachzudenken. Du musst die Entscheidung treffen."

Wie konnte ich so etwas entscheiden? Ich kam mir vor wie ein Nagel zwischen zwei Magneten. Ein Magnet zog mich in die eine Richtung und einer in die andere. Ich saß in der Mitte.

Ich sah meine Eltern an. Ich liebte sie beide. Ich wusste nicht, was ich machen sollte. In der Nacht gab es einen fürchterlichen Sturm. Ich kuschelte mich tief unter die Bettdecke. Und heulte und heulte.

Am Morgen zog ich mich an. Es waren noch zwei Paar Socken da. Ein Paar in Grün und ein Paar in Rot.

Ich konnte mich nicht entschließen, welches ich anziehen sollte, ich streckte die Hand nach dem grünen aus und zögerte. Ich hatte das Gefühl, als ob das die falsche Entscheidung war. Also griff ich nach dem roten Paar, aber das war auch nicht richtig.

Da kam mir mein kleiner Roboter zu Hilfe. Ihr müsst wissen, dass er zwei verschiedene Augenpaare hat. Wenn man an seiner Nase zieht, drehen sich seine Augen wie die Räder in einem Geldspielautomaten. Manchmal sind dann die grünen Augen zu sehen und manchmal die roten. Man kann es nie im Voraus sagen.

Ich nahm ihn vom Regal und zog an seiner Nase. Seine Augen drehten sich so schnell, dass ihre Farbe nicht mehr zu erkennen war. Dann blieben sie stehen. Grün. „Grüne Augen – grüne Socken", sagte ich. Ich streifte mir die grünen Socken über und zog mich fertig an. Dann lief ich in die Küche zum Frühstück. Dad war schon zur Arbeit, aber Mum war noch da. „Cornflakes oder Müsli?", fragte sie. Ich sah die beiden Packungen an. Konnte mich nicht entscheiden. Ich griff nach den Cornflakes, überlegte es mir aber anders. Lieber Müsli. Aber das war auch nicht richtig. Was tun?

Es gab eine schnelle Lösung. Ich zog an der Nase meines kleinen Roboters. „Grün für Cornflakes", sagte ich. Die Augen drehten sich, blieben stehen – rot. „Also Müsli", sagte ich schulterzuckend.

Ich gab Mum einen Abschiedskuss, nahm meinen kleinen Roboter und machte mich auf den Schulweg. Ich ging langsam, schleifte schwerfällig die Füße über den Boden und fühlte mich miserabel. Nicht mehr lange, und ich würde mich zwischen Dad und Mum entscheiden müssen! Das konnte ich einfach nicht. Das Leben ist voll von schrecklichen Entscheidungen.

Ich schlurfte dahin, den Blick auf meine Füße geheftet. Plötzlich blieb ich stehen. Auf dem Gehweg lag eine kleine, pelzige Schmetterlingsraupe. Sie lebte, aber sie rührte sich nicht. Sie war vom Ast eines Baumes gefallen und kam nicht mehr hinauf. Wahrscheinlich würde sie bald zertreten und zerquetscht sein. Ich müsste mich nur bücken, sie aufnehmen und wieder auf den Baum setzen.

Sollte ich die Raupe retten oder nicht? Also habe ich den kleinen Roboter gefragt. Ich zog an seiner Nase und brachte seine Augen zum Drehen. „Grün heißt ‚ja‘, rot heißt ‚nein‘", sagte ich. Mit rasender Geschwindigkeit drehten sich die Augen, wurden allmählich langsamer und blieben schließlich stehen – grün. „Ist dein Glückstag heute, Schmetterlingsraupe!", sagte ich. Behutsam setzte ich sie auf ein Blatt des Baumes und auf der Stelle fing sie zu fressen an.

Ich fühlte mich ein bisschen wohler. Die Raupe hatte ich gerettet. Mein kleiner Roboter eignete sich gut bei Entscheidungen. Ich kam um die Ecke – da bot sich mir ein verblüffender Anblick. Eine Sekunde lang setzte mein Herzschlag aus. Hunderte von Raupen zappelten hilflos auf dem Gehweg herum! Wahrscheinlich hatte der Sturm sie aus den Bäumen gepustet.

„Rette ich sie? Ja oder nein?", fragte ich den Roboter mit bebender Stimme. Die Augen drehten sich, blieben stehen – grün. „Ja", sagte ich. „Die Antwort lautet ‚ja'. Oh nein!" Ich bückte mich und fing an die Raupen aufzuheben. Runter, hoch, runter, hoch. Dankbar klammerten sie sich an ihre Blätter und fingen zu fressen an.

Die Minuten verstrichen. Eine halbe Stunde verging und ich hatte erst ein paar der Raupen in Sicherheit gebracht. Ich wusste, dass ich zu spät zur Schule kommen würde. Mein kleiner Roboter brachte mich in Schwierigkeiten! Am Ende hatte ich eine Stunde gebraucht, um sämtliche Schmetterlingsraupen wieder auf die Bäume zu setzen. Alle mümmelten zufrieden vor sich hin.

Ich sah auf die Uhr. Für die Schule war ich um eine Stunde zu spät! Mr Hanson würde aus seinem Bürofenster linsen. Wie eine Schlange würde er herausstürzen, sobald er mich über den Schulhof kommen sähe. Schöner Schlamassel! Ich sah meinen kleinen Roboter an. „Jetzt hast du's geschafft", sagte ich. „Das war das letzte Mal, dass ich dich nach einer Entscheidung gefragt habe!" Der kleine Roboter brachte Unglück. Das merkte ich jetzt.

Plötzlich sträubten sich mir die Haare im Nacken. Jemand beobachtete mich! Ich spürte es. Als ich mich umsah, entdeckte ich sie. Mrs Week, eine Freundin von Mum. Sie lag auf den Knien in ihrem Garten und jätete

Unkraut. Sie lächelte mir zu. Mit gekrümmtem Finger winkte sie mich zu sich. „Warte mal", sagte sie mit heller Stimme. Steifbeinig ging sie ins Haus und ließ mich stehen. Es dauerte Ewigkeiten. Schließlich kam sie mit einem kleinen Umschlag zurück.

„Ich hab gesehen, wie du die Schmetterlingsraupen gerettet hast", sagte sie. „Was bist du für ein freundlicher Junge! Kein anderer würde so was machen. Hier hast du eine Belohnung." Sie schob mir den Umschlag in die Hand.

Sollte ich ihn annehmen? Ja oder nein? Ich war nicht sicher. Da zog ich meinen kleinen Roboter an der Nase. Grün. Die grünen Augen blinzelten mich an. Grün stand für ‚ja'. Mrs Week ging bereits wieder zu ihrem Haus zurück, ein breites Lächeln im Gesicht. „Danke!", schrie ich. „Vielen Dank!"

4

Ich hastete in Richtung Schule. Ich würde zu spät kommen wie noch nie! Ich riss den Umschlag auf und schaute hinein. Blieb stehen. Fünfzig Dollar! In dem Umschlag lag eine Fünfzig-Dollar-Note! Ich konnte es nicht fassen.

Mein kleiner Roboter brachte mir unglaubliches Glück. Jedes Mal, wenn ich ihn etwas fragte, hatte er die richtige Antwort bereit. Es funktionierte großartig.

Aber was war mit der Schule? Vor Mr Hansons stechenden Augen konnte mich ja wohl nichts retten. Oder?

Ich überlegte mir noch eine Frage. Eine, die ich meinem kleinen Roboter stellen konnte. „Soll ich die Schule schwänzen? Einfach nicht hingehen?" Ich zog an seiner Nase. Und seine Augen waren grün, als sie stehen blieben! Zwei grüne Augen, die mir sagten, ich solle schwänzen.

Das war überhaupt *die* Art, Entscheidungen zu treffen! Es war eindeutig die beste Methode, um zu entscheiden, was man tun soll. Alles, was mein kleiner Roboter mir riet, erwies sich als nützlich. Ich ging langsamer. Eine Gruppe alter Leute blockierte den Weg. Sie warteten vor einem Imbissladen, in dem man Hamburger zum Mitnehmen kaufen konnte. Eine griesgrämige Pflegerin kommandierte sie herum.

„Versperren Sie nicht den Gehweg!", fuhr sie eine verdatterte, alte Frau an. „Warten Sie hier!", befahl sie. „Ich hol Ihre Salate."

„Bitte, Schwester", sagte ein alter Mann. „Könnten wir nicht einen Hamburger haben?" Die Gesichter der alten Leute hellten sich auf. „Hamburger!", sagte ein anderer alter Mann. „Ja, Hamburger!" Sie stimmten einen Sprechchor an: „Ham-bur-ger, Ham-bur-ger, Ham-bur-ger!" Ihre Augen glänzten. Die Runzeln in ihren Gesichtern verschoben sich zum Lächeln. „Ham-bur-ger, Ham-bur-ger, Ham-bur-ger!"

„Hört sofort mit diesem Lärm auf!", schnappte die Pflegerin. „Es wird gegessen, was man euch gibt!" Sie sprach mit den Alten, als wären sie kleine Kinder. Aus den Gesichtern verschwand das Lächeln. Die Pflegerin betrat den Laden.

„Was hast du denn da?", sagte eine Stimme. Einer

der alten Männer sprach mich an. Er nickte zu meinem kleinen Roboter hin. Es war ein netter Mann. Er erzählte mir, dass er Fred heiße. Während ich erklärte, hörte er aufmerksam zu. Und alle anderen auch. Sie umringten mich und nickten und kicherten, als ich ihnen sagte, wie der kleine Roboter funktionierte

Fred schüttelte den Kopf. „Mir gefällt das nicht", sagte er. „Man verläßt sich nur auf sein Glück."

Aber die anderen waren alle begeistert. „Probier's mal aus!", rief ein alter Mann. „Ja", schrie ein anderer. „Führ es uns vor!"

5

Ich sah in die lächelnden Gesichter. Warum nicht? Ich nahm meine fünfzig Dollar heraus. „Soll ich sie ausgeben?", fragte ich laut. Dann zog ich an der Nase des Roboters. Seine Augen drehten sich. „Grün", schrie ich. „Das bedeutet ,ja'."

„Hamburger!", rief ein verschmitzter Alter ohne Zähne. „Frag ihn, ob fünfzehn Hamburger gekauft werden sollen!"

„Okay", sagte ich. „Soll ich fünfzehn Hamburger kaufen? Ja oder nein?" Ich zog an der Nase des kleinen Roboters. Die Augen waren rot, als sie stehen blieben. Mr Zahnlos war enttäuscht.

„Zwanzig", kreischte er. „Frag, ob es zwanzig Hamburger sein sollen!"

„Ja! Ja!", riefen die anderen. „Zwanzig Hamburger! Zwanzig!"

Ich fragte den kleinen Roboter und diesmal waren seine Augen grün. Alles jubelte. Ich ging in den Laden und kaufte zwanzig Hamburger. Von der Pflegerin war nichts zu sehen. Sie musste wohl gerade auf der Toilette sein.

Geräuschvoll mampften die Alten ihre Hamburger. Sie hatten wirklich Hunger. Manche klopften mir auf den Rücken. Ich fühlte mich wohl bei dem Gedanken, dass ich diesen Leuten geholfen und ihnen eine solche Freude gemacht hatte. Fred wollte keinen Hamburger annehmen. Er schüttelte nur freundlich den Kopf und sagte: „Ich warte auf den Salat."

„Probier mal was anderes!", rief Zahnlos. „Frag ihn nach was anderem!" Er wurde ganz aufgeregt. Dann starrte er zum Bus hinüber, der am Straßenrand geparkt war. „Der Bus", sagte er. „Frag ihn, ob wir den Bus klauen sollen!" Alle fingen boshaft zu grinsen an, sechs Münder voll Hamburger. „Der Bus", sangen sie. „Der Bus! Der Bus! Der Bus!"

Ich war mir nicht so sicher. Die Pflegerin hatte die Verantwortung für den Bus. Aber verdammt! „Nehmen wir den Bus?", sagte ich zu dem kleinen Roboter. Ich zog an seiner Nase. Die Augen drehten sich. Grün. Grün für ‚ja'.

Die Alten drängelten und schubsten und stiegen in den Bus. „Den Bus klauen!", kicherten sie. „Den Bus klauen!" Ich ließ mich von ihnen mitreißen.

Zahnlos sprang auf den Fahrersitz und ließ den Motor an. „Ich hab früher Autorennen auf Phillip Island gefahren", sagte er glucksend. „Fünfmal Erster und sechsmal Zweiter. Elf Preise." Er ließ die Kupplung kommen und der Bus donnerte davon. Ich warf einen Blick durch das Heckfenster und sah, wie die griesgrämige Pflegerin aus dem Hamburger-Laden gerannt kam. Sie brüllte und fuchtelte mit den Fäusten.

Alle jubelten und winkten ihr. Manche machten ihr mit den Fingern unanständige Zeichen. Fred saß hinten, er machte einen besorgten Eindruck.

Der Bus schoss mit enormer Geschwindigkeit durch den Verkehr. Wir näherten uns einer Kreuzung. „Welche Richtung?", rief Zahnlos. „Links oder rechts?"

„Weiß ich nicht", schrie ich.

„Frag ihn!", kreischte Zahnlos.

Ich zog an der Nase. „Links – ja oder nein?", rief ich. Die Augen rollten. Der Bus brauste weiter. Wir waren schon mitten auf der Kreuzung. Bremsen kreischten, Autos kamen ins Schleudern. Eine Ziegelmauer schien mit irrsinniger Geschwindigkeit auf uns zuzurasen. Die Augen blieben stehen. Rot. „Rechts!", schrie ich. „Fahren Sie nach rechts!"

Zahnlos zerrte am Lenkrad. Der Bus schwankte herum. Die Reifen quietschten. Blauer Rauch wirbelte durch die Luft. Um knapp einen Zentimeter kamen wir an der Ziegelmauer vorbei! Andere Fahrer drückten auf ihre Hupen. Junge, waren die sauer! Aber die Passagiere im Bus schrien und johlten vor Vergnügen. Sie kosteten das Abenteuer voll aus.

„Soll ich durchdrücken? Ja oder nein?", brüllte Zahnlos. Die Antwort war: Grün. Zahnlos tat wie befohlen. Er trat auf das Gaspedal. Der Bus jagte kreischend über die Landstraße. Plötzlich hörte ich etwas. Eine Polizeisirene. Die Polizei verfolgte uns.

„Anhalten oder davonfahren?", schrie Zahnlos.

„Anhalten!", sagte eine Stimme. Es war Fred. Er beugte sich vor und zog den Zündschlüssel heraus. „Die Sache ist nun weit genug gegangen", sagte er. Mit einem Ruck kam der Bus zum Stillstand und die alten Leute stiegen aus. Sie grinsten immer noch, als die Polizei kam.

Ich schob mich in den Hintergrund der Gesellschaft. „Weglaufen – ja oder nein?", flüsterte ich. Ich zog an der Nase und die Augen meines kleinen Roboters drehten sich. Grün. Ich sah mich nach einem Fluchtweg um.

Da entdeckte ich den Kran. Mit der Leiter an der Seite. „Der Kran – ja oder nein?", flüsterte ich wieder. Hoffentlich wurden die Augen rot! Aber nein. Die Augen drehten auf Grün.

„Gib mal her!", sagte Fred. Er nahm mir den kleinen Roboter aus der Hand und drehte ihn um. Auf seinem Rücken war eine kleine Klappe. Fred ließ sie aufschnappen und fummelte in der Öffnung herum. Der machte da irgendwas!

„Nein!", schrie ich. „Geben Sie ihn her!" Ich riss ihm den kleinen Roboter aus der Hand.

Ein großer Polizist brüllte in unsere Versammlung. „Wer ist für das Ganze hier verantwortlich?", rief er streng.

Totenstille. Dann drehte sich Zahnlos um und deutete auf mich. „Der!", schrie er. „Der!"

Ich lief los. Mit Riesensätzen stürmte ich die Straße entlang in Richtung Kran. Die Männer von der Polizei jagten hinter mir her. Und die Alten. Und die Pflegerin. „Halt!", schrien sie. „Stehen bleiben!" Sie schrien und riefen und stolperten. Ich rannte um mein Leben. Auf den Kran zu.

Ich sah hoch. Meine Beine zitterten. Mein Kopf kam mir vor wie ein Ball am Ende einer Schnur. Ich wollte nicht hinauf. Aber der kleine Roboter hatte seine Befehle erteilt. Ich setzte den Fuß auf die unterste Sprosse. Fing zu steigen an. Hoch und höher. Ich sah zu den Wolken auf. Jetzt bloß keinen Blick nach unten werfen!

6

Da hänge ich also. Auf halber Höhe der Leiter und sitze fest. Ich habe zu viel Angst zum Weiterklettern. Und zu viel Angst zum Absteigen. Die Leute sind wie Stecknadeln weit unter mir. Ich bin schon seit Ewigkeiten hier. Meine Hände werden lahm. Meine Füße sind taub. Wenn ich nicht bald was unternehme, falle ich. Taumelnd wie eine Raupe, die von einem Blatt fällt. Nur dass mich niemand aufheben und wieder zurechtsetzen wird.

Jetzt macht sich jemand daran, die Leiter hochzusteigen. Es ist kaum zu erkennen, wer, so weit unten ist das alles, aber ich glaube, es ist Dad. Was, wenn er fällt? Es wäre meine Schuld.

Ich weiß nicht, was ich tun soll. Ich taste nach meinem kleinen Roboter und ziehe an seiner Nase. Ich starre die Augen an, während sie sich drehen. Sie bleiben stehen. „Oh nein!", sage ich. „Oh nein!"

Ich mache mich an den Abstieg – meinem Verhängnis entgegen. Langsam. Schwerfällig. Einen Fuß nach dem anderen, ohne hinzusehen. Ich habe Angst zu fallen. Aber ich falle nicht. Endlich komme ich unten an und Dad und Mum umarmen mich. Die alten Leute schreien Hurra. Fred lächelt mir zu.

Die von der Polizei sind ärgerlich. „Er hätte sich umbringen können! Oder jemand anderen", sagt ein Polizist.

„Er ist heute nicht ganz bei sich", sagt Dad. „Wir haben ihm gesagt, dass wir uns scheiden lassen. Er ist völlig durcheinander." Mum weint. Als wir zu Hause sind, weinen wir alle.

Ich hoffe, dass Mum und Dad es sich jetzt anders überlegen. Und sich nicht trennen. Aber nein. Es ist immer noch so, dass ich mich zwischen ihnen entscheiden muss. Soll ich mit Mum weggehen? Oder mit Dad hier bleiben? Ich setze mich auf mein Bett und will es noch einmal mit meinem kleinen Roboter versuchen. Ich ziehe an seiner Nase. „Grün für Dad", sage ich. Die Augen drehen sich. Und bleiben stehen. Es ist genau wie auf dem Kran!

Da schleudere ich den kleinen Roboter aus dem Fenster und gehe ins Wohnzimmer. Mum und Dad sitzen da. „Ich habe drüber nachgedacht", schreie ich. „*Ihr* lasst euch scheiden! Nicht ich. Ihr entscheidet. Es ist euer Problem, nicht meins!" Die beiden sehen einander an. Sie wissen, dass ich Recht habe.

So. Zuletzt ist alles gar nicht so übel ausgegangen. Mum und Dad trennen sich zwar trotzdem, aber Mum geht nicht weg von hier. Sie mietet ein Haus in der nächsten Straße. Manchmal wohne ich bei ihr und manchmal bei Dad. Ich kann es mir aussuchen. Wenn Dad schlechte Laune hat, bleibe ich ein paar Tage bei Mum. Dann gehe ich wieder zu Dad. Es könnte alles viel schlimmer sein.

Und der kleine Roboter? Er wird auf dem Gehweg von ein paar Kindern entdeckt, die gerade vorbeikommen. Ich muss lächeln und ich muss an Fred denken und daran, was er damit gemacht hat. „Schaut mal den kleinen Roboter an!", sagt eins der Kinder. „Der hat ein grünes Auge und ein rotes!"

Inhalt

Paul Jennings wurde 1943 in England geboren, wanderte jedoch schon mit sechs Jahren nach Australien aus und wuchs dort im Bundesland Victoria auf. Später wurde er Lehrer und versuchte im Unterricht auch den lesefaulsten Schülern mit Gruselgeschichten die Bücherwelt schmackhaft zu machen. So entstanden die ersten Manuskripte. Als er sie schließlich beim australischen Verlag Penguin Books einreichte, schlugen sie wie eine Bombe ein. Allein Jennings' erstes Buch, das 1985 erschien, verkaufte sich in kurzer Zeit über eine Million Mal. Jennings ist heute einer der beliebtesten und bekanntesten Autoren bei Kindern zwischen acht und vierzehn Jahren. Seine Geschichten wurden auch als Comics und Filme produziert. In Deutschland gab es 1994 Jennings' 26-teilige Fernsehserie unter dem Titel „Twist total" in der ARD.